W0108895

Barbara Forster

rezepte für keiner-liebt-mich-tage

Barbara Forster

rezepte für keiner·liebt· mich·tage

Wie Sie Ihre gute Laune wiederfinden

Kösel

FSC

Mix
Produktgruppe aus vorbildlich
bewirtschafteten Wäldern und
anderen kontrollierten Herkünften

Zert.-Nr. SGS-COC-1940
www.fsc.org
© 1996 Forest Stewardship Council

Verlagsgruppe Random House FSC-DEU-0100
Das für dieses Buch verwendete FSC-zertifizierte Papier
Munkenprint White liefert Arctic Paper Munkedals AB, Schweden.

2. Auflage 2008
Copyright © 2008 Kösel-Verlag, München,
in der Verlagsgruppe Random House GmbH
Umschlag: fuchs_design, München
Illustrationen im Innenteil: Renate Emme, Hamburg
Druck und Bindung: GGP Media GmbH, Pößneck
Printed in Germany
ISBN 978-3-466-34523-6

www.koesel.de

Für Frank

Vielen Dank für deine Inspiration,
ohne dich würde es dieses Buch
nicht geben.

inhalt

kurz vorweg

»Keiner-liebt-mich-Tage« – wer kennt sie nicht, diese Phasen, in denen es scheint, als hätten uns Gott und die Welt vergessen, diese zermürbenden Zeiten, in denen man vielleicht objektiv betrachtet gar keinen Anlass hat, um Trübsal zu blasen und trotzdem nur alles grau in grau sieht. Die Außenwelt nimmt man wie durch einen Filter wahr, hinter dem sich das echte Leben abspielt – nur man selbst scheint leider völlig davon ausgeschlossen zu sein. Und bei der genauen Analyse dieser verzwickten Stimmungslage verstärkt sich dieser Eindruck mehr und mehr. Da ist die Freundin, die sich vor lauter Anrufen und SMS nicht mehr retten kann und ein Kompliment nach dem anderen erhält. Oder der Kollege, der immer die größten Aufträge an Land zieht, den einfach alle mögen und mit dem jeder die Mittagspause verbringen möchte. Wo man sich auch umschaut, ob in der Kantine, in der S-Bahn oder beim Einkaufen – alle scheinen bestens gelaunt zu sein und haben bestimmt die tollsten Pläne für das Wochenende.

Nur wenn wir selbst mal jemanden anrufen wollen, ist entweder die Leitung besetzt oder die Gesprächspartner haben nicht mal Zeit für ein kurzes Schwätzchen, geschweige denn Lust, etwas mit uns zu unternehmen. Vielleicht ist zu allem Übel der oder die Liebste für ein paar Tage verreist bzw. diese Rolle in unserem Leben derzeit sogar unbesetzt. Eigentlich könnte man tot umfallen und niemand würde es bemerken.

Auch wenn man weiß, dass es vielen anderen Menschen ab und zu ganz genauso ergeht, wird's davon ja noch nicht besser, und es stellt sich die Frage: Sollen wir uns einfach damit abfinden? Ist das wirklich normal und entspricht unserem menschlichen Biorhythmus, oder bewegen sich die Stimmungsschwankungen schon außerhalb der Norm? Und falls es so etwas wie eine Norm gibt, müsste es dann nicht auch eine Art Ranking geben? Zum Beispiel in Abstufungen wie diesen:

- Kein Keiner-liebt-mich-Tag pro Monat = **beneidenswert** (Mit diesem Buch halten Sie Ihre Spitzenposition!)
- Ein Keiner-liebt-mich-Tag pro Monat = **völlig unbedenklich**
- Drei Keiner-liebt-mich-Tage pro Monat = **absolut in der Norm, immer noch unbedenklich**
- Fünf Keiner-liebt-mich-Tage pro Monat = **Alarmstufe eins**
- Acht Keiner-liebt-mich-Tage pro Monat = **Alarmstufe zwei**

Norm hin oder her – was nützt es Ihnen, wenn Sie zwar wissen, dass Sie sich mit Ihrer derzeitigen Gemütslage in guter Gesellschaft von vielen anderen Mitmenschen befinden, sich aber trotzdem rundherum grässlich fühlen? Wem hilft schon das Wissen, sich statistisch gesehen im guten Mittelfeld aufzuhalten, wenn er im wahren Leben gerade bis zum Hals in seinem höchstpersönlichen Monatstief steckt? Statt sich also wie bei ständig wiederkehrenden Kreuzschmerzen immer nur damit zu trösten, dass dies halt ein Volksleiden ist, könnten wir uns auch einfach das Ziel setzen, diese Tage nach und nach aus dem Kalender zu verbannen. Und genau darin möchte ich Sie mit meinen Rezepten unterstützen.

Ähnlich wie bei körperlichen Erkrankungen gilt die folgende Vorgehensweise auch für unser Gemüt: Kurzfristig die aktuellen Symptome in den Griff bekommen und langfristig die eigentlichen Ursachen beseitigen. Denn wer sich momentan gar nicht wohl mit sich selbst fühlt, möchte erst mal seine Stimmungslage verbessern und sich nicht unbedingt gleichzeitig damit auseinandersetzen, wie und warum er in diese missliche Lage geraten ist. Zudem gibt es nun mal viele Einflüsse und Umstände, denen wir uns nicht einfach entziehen und sie im Handumdrehen wegzaubern können. Darum ist das Buch auch in *zweierlei Rezept-Kategorien* aufgeteilt: Es enthält einerseits *Notfall-Rezepte* für die schnelle, rasch greifende Symptombehandlung akuter Keiner-liebt-mich-Anfälle und andererseits *Langzeit-Rezepte* für die

11

langfristige Verbesserung des Allgemeinbefindens durch einen liebevolleren, humorvolleren, aber auch konsequenteren Umgang mit sich selbst und seinen kleinen Eigenheiten. Die meisten Rezepte habe ich in jahrelangen Versuchen für mich selbst und liebe Freunde kreiert und ausprobiert, einige wurden mir von erfahrenen Mitstreitern der Keiner-liebt-mich-Fraktion empfohlen.

Die Kunst, sich am eigenen Schopf aus dem Trübsinnigkeitssumpf herauszuziehen, hat mich schon sehr früh fasziniert. Ich wurde als junges Mädchen bis ins frühe Erwachsenenalter hinein phasenweise von heftigsten Minderwertigkeitsgefühlen geplagt. Vor allem in Gesellschaft fremder Personen fühlte ich mich sehr gehemmt und unscheinbar – kurzum, ich war ein wahres Komplexbündel. Ich dachte, jeder müsste mir meine Unsicherheit an der Nasenspitze ansehen, und prompt wurde aus dem »unsicher« ein »ungeschickt« und die allgemeine Aufmerksamkeit ruhte tatsächlich mitleidig auf mir. Aber auch wenn ich still und unauffällig in der Ecke saß oder nur belanglosen Smalltalk mit jemandem machte, befürchtete ich, ich würde aus allen Poren meine Hemmungen »ausdünsten«.

Eines Tages hatte ich dann Gott sei Dank eine Art Eingebung. »Also, Barbara«, dachte ich mir, »die Menschen sind eigentlich viel zu sehr mit sich selbst beschäftigt und haben viel zu wenig Zeit, dich die ganze Zeit zu beobachten. Und ehrlich gesagt, so interessant bist du wirklich nicht, dass jeder guckt, ob du dich gerade etwas dumm anstellst oder nicht.« Nun ja, auch wenn diese schlichte Erkenntnis meiner Eitelkeit nicht besonders schmeichelte, bot sie mir doch endlich einen Weg aus meinem Dilemma. Seit diesem Tag ging ich nach Möglichkeit in die Offensive. War ich unterwegs oder irgendwo eingeladen, versuchte ich, jemanden, der harmlos und freundlich genug erschien, in ein belangloses Gespräch zu verwickeln. Anfangs holperte das noch etwas und manchmal sah ich mich gezwungen, mir aus Höflichkeit auch gähnend langweilige Geschichten anzuhören. Aber, unabhängig vom Thema dieser Unterhaltungen, während dieser Zeit war ich von meiner zermürbenden Selbstbeschau abgelenkt und schenkte meinem Gegenüber so viel Aufmerksamkeit wie nur möglich. Und nach und nach, einhergehend mit immer tieferen Erkenntnissen über meine manchmal recht kuriosen Verhaltensweisen und Denkstrukturen, mit viel Übung und auch vielen Fehlversuchen, kam dann doch die wundersame Wandlung. Ich erkannte und überwand meine inneren Blockaden und fand das Leben immer schöner und bereichernder. Und auch meine Mitmenschen und mich selbst fand ich immer liebenswerter.

Wie gesagt, diese Wandlung vollzog sich nicht über Nacht. Im Gegenteil, ich würde sagen, sie dauert immer noch an. Denn wir sind in unseren sich ständig wandelnden Lebensphasen und -umständen nie davor geschützt, plötzlich aus heiterem Himmel in tiefste Abgründe von Selbstzweifel und Pessimismus zu geraten.

Daher erschien es mir sinnvoll und an der Zeit, in Form eines kleinen Ratgebers einige Erkenntnisse und in der Praxis erprobte Rezepte weiterzugeben.

Ich freue mich sehr, dass Sie sich entschieden haben, dieses Buch zu lesen. Aus eigenem Erleben kann ich gut nachfühlen, wie sehr mangelnde Freude und Selbstliebe die Lebensqualität beeinträchtigen. Meine Erfahrungen haben mir jedoch gezeigt, wie hilfreich es ist, wenn man seine Befindlichkeiten nicht ständig in den Mittelpunkt der eigenen Aufmerksamkeit stellt. Sie werden sehen: Immer wenn Sie bereit sind, einen ersten Schritt zu wagen, wird Ihnen auch von außen und wie von selbst viel Unterstützung und Liebe zuteilwerden.

Noch eine kleine Anmerkung: Dieses Buch ist für Menschen geschrieben, die nach hilfreichen Ansätzen suchen, um sich wohler mit sich selbst und im Leben rundherum geborgen zu fühlen. Die Rezepte sind – mit Offenheit und konsequent angewendet – äußerst wirkungsvoll. Trotzdem habe ich vieles mit einem Augenzwinkern geschrieben, da es sehr erleichternd ist, nicht alles so ernst und verbissen anzugehen. Ich habe mir erlaubt, Sie bei der Beschreibung der Rezepte mit »du« anzusprechen, denn mit dieser persönlichen Anrede fühlt sich auch Ihr Unterbewusstsein stimuliert, sich auf neue Einsichten und Verhaltensweisen einzulassen. Danke für Ihr Verständnis!

Und nun wünsche ich Ihnen viel Pioniergeist, Freude und Erfolg beim Lesen und Ausprobieren der wohltuenden Rezepte für Keiner-liebt-mich-Tage!

bestandsaufnahme

ein blick
in die
speisekammer

»Ich würde meinen Gästen so gern mal was richtig Tolles servieren, aber ich kann leider nicht besonders gut kochen.« Haben Sie diesen Satz auch schon mal gehört? Dazu sage ich nur: Wer lesen kann, kann auch kochen. Wer zudem noch bereit ist, gute Zutaten einzukaufen und sich einigermaßen ans Rezept zu halten, dessen ultimativen Kocherfolgen steht nichts mehr im Wege. Manchmal braucht man noch nicht einmal einzukaufen, denn bei einem sorgfältigen Blick in den Kühlschrank und die Speisekammer stellt sich heraus, dass die leckersten Zutaten bereits vorhanden sind.

So ähnlich verhält es sich auch mit den Rezepten für Keiner-liebt-mich-Tage. Sie können lesen – davon gehe ich mal aus, sonst hätten Sie sich wohl kaum dieses Buch gekauft oder es geschenkt bekommen. Und bevor wir zum Einkaufen gehen, werfen wir doch erst mal einen Blick auf Ihre Vorräte. Ich wette, in Ihrer Speisekammer gibt es eine Menge edelster Zutaten, die Sie bisher völlig übersehen haben. Es ist immer gut zu wissen, was wo lagert, damit man in Notzeiten darauf zurückgreifen kann und dann nicht plötzlich das Verfallsdatum abgelaufen ist.

Im Prinzip gibt es ja gar keine Keiner-liebt-mich-Tage. Es gibt eigentlich nur »Heute-mag-ich-mich-selbst-nicht-Tage«. Zu Zeiten, in denen wir uns richtig wohl fühlen und vor guter Laune nur so strahlen, spiegelt uns dies auch unsere Umwelt wider. Die Menschen lächeln zurück, wir bekommen Komplimente und Einladungen, unsere Projekte laufen wie geschmiert – kurzum, das Leben liebt uns. Wäre es nicht traumhaft, wenn dieser Zustand konstant bliebe? Sie hätten nichts dagegen, an Ihnen soll's nicht liegen, meinen Sie? Das ist leider ein weit verbreiteter Irrtum. Es liegt immer an uns und in unseren Händen, wie wir uns fühlen und wie wir mit unseren Erfahrungen umgehen. Lebensfreude, Zufriedenheit und Liebe sind in uns selbst begründet. Je mehr man anerkennt, dass tatsächlich jeder seines eigenen Glückes Schmied ist, umso eher kann man dadurch große Freiheit erfahren und alle Chancen nutzen, die in dieser Erkenntnis liegen.

Kehren wir zurück zu unserer geistigen Vorratskammer. Wir alle sind bestens darin geübt, den Blick auf die negativen Dinge des Lebens zu richten. Sicherlich kennen Sie auch diese fiesen kleinen Sätze, mit denen viele Menschen ihr Selbstwertgefühl konstant unten halten und sich jede Freude versagen: »Ich bin zu dünn, zu dick, zu alt, zu jung ...«, »Ich mache immer alles falsch«, »Das kapier ich nie, dafür bin ich zu blöd«, »Ich hab's mal wieder vermasselt und bin an allem schuld«, »Mein Vater hatte recht, ich werde es nie zu was bringen« – diese Aufzählung ließe sich noch lange fortsetzen! Doch solche Denkgewohnheiten sind Gift für Ihr seelisches Wohlbefinden, ähnlich wie verdorbene Lebensmittel schädlich sind für Ihre körperliche Gesundheit. Und wie unangenehm vergammeltes Fleisch und verfaulte Kartoffeln riechen, brauche ich

Ihnen sicherlich nicht zu erzählen. Da hilft es nur noch, gründlich auszumisten und unwillkommenen Bakterien keinen Nährboden mehr zu bieten. Daher schauen wir uns doch lieber mal an, welche Schätze bereits in Ihren Regalen lagern. Vielleicht steht auf den Etiketten ja Folgendes:

- »Im Kochen (Backen, Autofahren, Basteln, Rasenmähen, Zeichnen, Geschenke aussuchen, Planen, Organisieren etc.) bin ich wirklich gut. Da weiß ich, was ich drauf habe und lasse mich auch nicht verunsichern.«
- »Mir wurde schon oft gesagt, dass ich ein guter, zuverlässiger und humorvoller Freund bin. Wer mit mir ausgeht, hat immer viel Spaß dabei.«
- »Manches an mir finde ich richtig schön – ich mag meine Nase, meine langen Haare, meine Beine, meine blauen Augen, meine Muskeln, meine zarte Haut ...«
- »Wenn ich nicht täglich zuverlässig meinen Aufgaben nachgehen würde, könnte manches nicht so gut funktionieren. Ich übernehme Verantwortung und trage gleichzeitig auch zum Wohl der Allgemeinheit bei.«
- »Ich bin froh und stolz darüber, dass ich trotz dieser wechselhaften Zeiten schon seit vielen Jahren in einer liebevollen Beziehung lebe (langjährige Freundschaften habe, mit meinen Kollegen so gut auskomme etc.).«

18

- »Letztes Jahr habe ich es endlich geschafft, eine zwei-wöchige Fahrradtour zu unternehmen (meine Ausbildung abzuschließen, ein neues Hobby zu pflegen, fünf Kilo abzunehmen, umzuziehen, einen neuen Job zu finden etc.). Dabei konnte ich interessante Erfahrungen sammeln.«
- »In der Nachbarschaft bin ich gern gesehen, an meinem Arbeitsplatz sehr beliebt und an Geburts- oder Feiertagen denken viele Menschen an mich.«
- »Ich helfe gerne und vergesse darüber oft meine eigenen Sorgen, die mich vorher noch bedrückt haben.«

Vielleicht waren bei diesen Aussagen ja schon ein paar dabei, die genau auf Sie zutreffen. Und bestimmt sind Ihnen noch einige ganz individuelle Sätze eingefallen, die besonders gut zu Ihnen passen. Damit Sie in Zukunft bei einem plötzlich auftretenden Keiner-liebt-mich-Anfall ganz schnell ein kleines Notfall-Menü kochen können, nehmen Sie sich doch am besten gleich ein Blatt Papier und notieren Sie darauf Ihre ganz persönlichen »Streichelsätze«. Bewahren Sie diese Notizen einfach im Buch auf. Sie können es aber auch anders machen: Falls Sie jemand sind, der sich oft seine Gedanken und Inspirationen aufschreibt, aber dafür nicht gerne Bücher vollkritzelt, legen Sie sich ein kleines Heft oder Notizbuch zu, in dem Sie alle Eingebungen, die Ihnen während des Lesens kommen, ausführlich und nur für Ihre Augen bestimmt notieren. So können Sie jederzeit Ihre Aufzeichnungen ergänzen und sofort darauf zurückgreifen, wenn Sie tatsächlich mal wieder glauben sollten, nichts wert und für alle anderen vollkommen unwichtig zu sein.

Falls Sie sich jetzt ein paar Sätze aufgeschrieben haben: Haben Sie gemerkt, wie sich allein dadurch, dass Sie die Aufmerksamkeit auf die positiven Aspekte Ihrer Persönlichkeit richten, Ihre Selbstwahrnehmung und Ihre Stimmung verändern? In dieser Achtsamkeit, in der klaren Entscheidung für eine liebevollere Betrachtungsweise und mehr Selbstrespekt, liegt ein wesentlicher Schlüssel zu mehr Lebensfreude und einer optimistischen Weltsicht.

Notfall-Rezept

Umgedreht und neu betrachtet

Mache es dir zur Gewohnheit, jeden Gedanken, der dich klein und wertlos erscheinen lässt, sofort in sein Gegenteil zu verkehren bzw. aus einem anderen Blickwinkel zu betrachten. Anfangs wirst du vielleicht nicht gleich die passende Umkehrung oder Sichtweise finden und immer wieder mal in alte Gedankenmuster und Verhaltensweisen verfallen. Doch mit der Zeit, mit Geduld und Beharrlichkeit, wird es immer leichter und selbstverständlicher für dich, nach den neuen Maßstäben zu denken, zu handeln und grundsätzlich freundlich zu dir selbst zu sein. So wird es dir gelingen, die Situation automatisch umzudrehen und/oder aus einem neuen Blickwinkel zu betrachten. Hier ein paar Beispiele:

Statt: Das schaffe ich nie!
Umgedreht: Ich sehe mich nach Unterstützung um und werde es sicher schaffen.

Statt: Ich habe mal wieder das schlechteste Ergebnis aller Kursteilnehmer!
Neuer Blickwinkel: Es war mutig von mir, mich anzumelden. Und jetzt überlege ich mir genau, was ich tun kann, um beim nächsten Mal ein besseres Ergebnis zu erreichen.

Statt: O mein Gott, ich sehe unmöglich aus, so trau ich mich nicht aus dem Haus.
Umgedreht: Also, der neue Haarschnitt ist schon sehr auffallend. Na gut, dann betone ich ihn erst recht. Schick geföhnt sieht das zusammen mit dem lila Kleid richtig gut aus.
Neuer Blickwinkel: Okay, ich bleib daheim, ich müsste sowieso noch meinen Papierkram erledigen. Und für das Geld, das ich heute spare, lasse ich mir gleich morgen die Haare nachschneiden.

Wenn du es dir mehr und mehr zur Gewohnheit machst, deine negativen Gedanken positiv umzuformulieren und aus einem anderen Blickwinkel zu betrachten, wirst du darin auch immer routinierter und schneller. Du wirst sehen, mit der Zeit macht es richtig Spaß, die alten Denkmuster hemmungslos umzukrempeln!

Auf zum Highway der Selbstliebe

Unser Gehirn ist ein bemerkenswert lernfähiges Organ. Am aufnahmefähigsten ist es in den ersten drei Lebensjahren. In dieser Zeit bildet sich auch unser Sprachvermögen – wir lernen nie wieder so leicht eine Sprache wie im Kleinkind- und Vorschulalter. Man könnte die Prägung des Gehirns mit der Topographie einer Straßenkarte vergleichen. Am Anfang ist die Landschaft noch frei und jeder einzelne Denkvorgang schafft eine neue Verbindung durch unberührte Regionen. Durch ständige Wiederholung – beispielsweise wenn ein Kleinkind lernt, wie es Bauklötzchen aufeinandersetzt – werden die ersten Wege angelegt. Jede eigene Aktion, aber auch jede Reaktion der Umwelt wird abgespeichert und schafft eine neue neuronale Verbindung. Je häufiger etwas getan und erlebt wird, umso breiter und dauerhafter werden diese Wege und verfestigen sich schließlich zu vielbefahrenen, ausgebauten Straßen.

Analog dazu können Eindrücke und Prägungen, die in jungen Jahren vernachlässigt werden, auch keine festen Bahnen im Gehirn hinterlassen. Wenn man nun in seiner Kindheit – meist mangels besseren Wissens der Erziehenden – ständig darauf hingewiesen wird, wie unfertig, klein, dumm und ungeschickt man sei und bei der Beobachtung anderer Menschen in seiner Umgebung auch vorwiegend einen abwertenden Umgang miteinander erlebt, ergeben diese sich ständig wiederholenden Erlebnisse im Laufe der Jahre eine wahre »Autobahn der Selbstabwertung«. Währenddessen fristen das gesunde Selbstbewusstsein und die natürliche Selbstliebe ein kärgliches Dasein als zugewachsener Dschungelpfad. Aber da unser Gehirn zum Glück lernfähig bleibt und bei entsprechendem Training auch in späteren Jahren noch anpassungsfähig ist, liegt es jetzt an uns, diesen verwucherten Dschungelpfad endlich Stück für Stück frei zu legen. Nach und nach wird dann die »Autobahn der Selbstabwertung« zerfallen und von der Gehirnlandkarte verschwinden.

Dazu noch eine Anmerkung: Sie müssen für den neuen Straßenbau nicht zwangsläufig viel Zeit und Mühe aufbringen. Geduld ist grundsätzlich gefragt, aber mit der klaren Absicht und Entscheidung, ab sofort nur noch liebevoll und achtsam mit sich umzugehen, können Sie den Ausbau des Dschungelpfades in einen »Highway der Selbstliebe« enorm beschleunigen. Um Sie in dieser Absicht zu bestärken, folgt gleich das erste Langzeit-Rezept:

Langzeit-Rezept

Sei-lieb-zu-dir-Schweinchen

Einkaufsliste: Ein freundlich aussehendes Sparschwein mit großem Fassungsvermögen

Diese spezielle Schweinchen-Kur soll dich darin unterstützen, dich als den anzunehmen und zu mögen, der du bist: ein einzigartiger und äußerst liebenswerter Mensch! Um diese Sichtweise in dir zu festigen, sind bei den nachfolgend geschilderten negativen Verhaltensweisen unterschiedlich hohe Bußgelder in dein Sparschwein zu entrichten:

1. Negative Gedanken

Zum Beispiel: Ich bin das nicht wert, ich bin ein Versager, ich bin zu blöd, ich mache alles falsch, ich bin schuld, ich bin ein Pechvogel, ich enttäusche jeden, ich lerne das nie ...

1 Euro ins Schweinchen

2. Abfällige, negative Äußerungen über
dich selbst

Siehe Punkt 1 – das höhere Bußgeld soll dir immer
wieder in Erinnerung rufen, dass deine negativen Gedanken durch das gesprochene Wort mindestens
doppelt so viel Gewicht erhalten und die Selbstwahrnehmung entsprechend stärker beeinflussen.

Hier sind auch indirekte Äußerungen gemeint wie
etwa: »Kein Wunder, wenn man solche Eltern hat«,
»... sich immer die falschen Freunde sucht«, »... in so
einer blöden Firma arbeitet«, »... in so einem be-
scheuerten Land wohnt«.

2 Euro ins Schweinchen

3. Längere, destruktive Grübeleien

Düstere Gedankenketten, die sich wie ein Karussell
im Kreis drehen, rauben dir Zeit und Energie, hinterlassen einen bitteren Nachgeschmack und führen so
gut wie nie zu irgendeinem sinnvollen oder positiven
Ergebnis.

5 Euro ins Schweinchen

4. Schädliche Verhaltensweisen

Hier geht es vor allem darum, endlich mehr auf deine
weise, innere Stimme zu hören.

Variante 1: Anderen zuliebe die eigenen Bedürfnisse oder das eigene Wohlbefinden extrem vernachlässigen – zum Beispiel dir privat oder im Beruf immer wieder Arbeiten aufhalsen zu lassen, die dich unnötig belasten und deine eigene Erholung verhindern.

Variante 2: Selbstsabotage – etwa zu viel trinken oder zu wenig schlafen, obwohl am nächsten Tag ein offizieller Termin ansteht. Anderes Beispiel: eine wichtige Entscheidung, ein Treffen so lange aufschieben, bis es automatisch negative Folgen für dich hat. (Aber bitte auf keinen Fall verwechseln mit dem bewussten Hören auf die innere Stimme, ernstzunehmende innere und äußere Abwartesignale oder Warnzeichen.)

Variante 3: Dem inneren Teufelchen zu sehr nachgeben – zum Beispiel wider besseres Wissen eine Situation so auf die Spitze treiben, bis sie eskaliert; ein Gespräch bewusst zu einem Streit hochpuschen.

10 Euro ins Schweinchen

Es empfiehlt sich, die Höhe der Bußgelder täglich in Form einer Strichliste (1 Strich = 1 Euro) festzuhalten, um so die Fortschritte sichtbar zu machen.

Die Schweinchen-Kur gilt als beendet, wenn es dir gelungen ist, an drei aufeinanderfolgenden Tagen keine Bußgelder mehr zu zahlen – aber nicht schummeln! Wenn du das geschafft hast: Herzlichen Glückwunsch! Nun gönne dir für dein wohlverdientes Geld etwas ganz besonders Schönes nur für dich!

die gefühlssuppe

ui, was schwimmt denn da herum...

Empfindsame Menschen, die zu Keiner-liebt-mich-Tagen neigen, strotzen selten vor Selbstbewusstsein. Sie kaschieren ihren Mangel an Selbstwert oft dadurch, sich selbst zurückzustellen, immer für andere da zu sein, sich stets gut gelaunt zu geben und sich anzupassen wie ein Chamäleon, um nur ja nirgendwo anzuecken und überall beliebt zu sein. Das ist dann die Bestätigung dafür, dass man »richtig« ist. Da ist es verständlich, wenn eine so sensible Person sogar befürchtet, sich selbst nicht mehr zu mögen, wenn sie sich gestattet, alle Facetten ihrer Persönlichkeit zum Ausdruck zu bringen.

Diese Menschen wissen leider gar nicht, was sie sich auf lange Sicht entgehen lassen. Okay, Menschen mit einem gut verankerten Selbstwertgefühl sind in der Tat nicht immer die einfachsten Zeitgenossen, denn sie richten ihr Leben nicht danach aus, wie sie es allen recht machen können. Da sie zum Glück nicht abhängig von der Meinung und dem Beifall anderer sind, fällt es ihnen meist leichter, ihren eigenen Weg zu gehen. Sie nehmen sich mit all ihren Wesenszügen wahr und gestatten es sich auch, dass diese nicht immer nur nett und angenehm sind. Dadurch werden sie nicht unbedingt beliebter und ermöglichen ihren Mitmenschen nicht so viele Bequemlichkeiten, aber eines ist ihnen sicher – größerer Respekt und viel mehr Achtung.

Wer Sie wirklich anerkennt und liebt, akzeptiert alle Licht- und Schattenseiten, also auch Ihre Schwächen. Für diese Menschen gibt es Sie definitiv kein zweites Mal auf der Welt und darum werden sie Sie weiterhin annehmen – auch wenn Sie sich weiterentwickeln und nicht immer stromlinienförmig und verträglich sind. Wenn unser Selbstvertrauen noch nicht genügend gefestigt ist, sind wir in diesem Bereich mehr oder weniger großen Schwankungen ausgesetzt. Da wir noch nicht fähig sind, uns selbst genügend Liebe zu geben, sind wir sehr stark von unserer Außenwelt abhängig. Daher kann uns – je nach Verfassung – schon die geringste Kritik in Abgründe des Selbstzweifels stürzen oder großes Lob und Komplimente in plötzliche Euphorie versetzen.

Für mich fühlte sich das immer an wie ein ständiges Auf und Ab zwischen übertriebenen Minderwertigkeitsgefühlen und leichtem Größenwahn. Besonders unangenehm fand ich die damit verbundene Abhängigkeit vom Wohlwollen anderer. Ich hatte die Macht über mein Leben abgegeben und wusste nicht, wie ich sie je in eigenen Händen halten sollte. In dieser Situation war es sehr hilfreich, in mich hineinzuhorchen und mal einen aufschlussreichen Blick in die trüben Tiefen meiner Gefühlssuppe zu werfen.

Gedanken und Gefühle zulassen und beobachten, ohne zu werten

Jeder hat ein Recht auf seine Gefühle. Es ist ein großer Vorteil, wenn wir wahrnehmen können, wie es gemütsmäßig um uns bestellt ist. In unserer Kultur dominiert jedoch eher die männliche, rationale Art mit dem Leben umzugehen, und das Fühlen und Einfühlen wird gerne verdrängt. Weicheres, gefühlsbetontes Verhalten gilt als weiblich und wird immer noch zu gering geschätzt; sehr schnell tut man sich und andere als gefühlsduselig ab. Da wir zudem befürchten, durch tief empfundene Emotionen die Kontrolle über unser Leben zu verlieren, haben sich viele Menschen angewöhnt, ihre Gefühle zu verleugnen oder zu verstecken – sogar vor sich selbst.

Gefühle lassen sich jedoch nur bedingt verdrängen – irgendwann und irgendwie wollen sie wahrgenommen und anerkannt werden. Wenn wir das nicht zulassen, macht sich unser verdrängtes Innenleben oft in Form von körperlichen Symptomen bis hin zur schweren Erkrankung bemerkbar. Besonders an Keiner-liebt-mich-Tagen überschwemmen uns die Emotionen dann plötzlich von allen Seiten und nehmen uns in einem trüben Gefühlsgewaber jede Sicht auf die objektive Wahrnehmung der Situation.

Grundsätzlich macht die Vielfalt der Emotionen unser Leben bunt und facettenreich. Dabei wünscht sich jeder, nur die sogenannten »guten« Gefühle zu erleben

– aber auch hier haben, wie in allen anderen Bereichen des Lebens, beide Seiten ihre Berechtigung. Wenn wir die landläufig negativ beurteilten Gefühle nicht einfach als schlecht ablehnen, sondern vielmehr versuchen, hinter die Kulissen und Beweggründe zu schauen, können wir die Botschaft, die darin verborgen ist, entschlüsseln. Wenn Sie eine Seite kennenlernen und erfahren möchten, öffnen Sie sich automatisch auch dem Gegenpol. Solange wir noch in unseren menschlichen Mustern und Prägungen verstrickt sind, werden wir etwa beim Empfinden tiefer Liebe auch ab und zu Angst vor dem Verlust dieser Liebe haben. Wer sich manchmal abgrundtief traurig fühlt, hat auch oft eine besondere Fähigkeit zur grenzenlosen Freude. Da uns solch eine pausenlose gefühlsmäßige Achterbahnfahrt auf Dauer arg zu schaffen macht, wäre es sehr wohltuend, wenn die Kurven nicht mehr ganz so steil verlaufen würden. Gelingt es uns mit der Zeit, unsere Gedankengänge zu disziplinieren, bringen wir mehr Ordnung und Klarheit in unser Leben und kommen zur Ruhe.

Gewisse Wesenszüge, die nun mal zu unserem Charakter gehören, können wir aber nicht einfach wegdenken oder ihnen erklären, warum sie uns nicht angebracht erscheinen. Wie kleine Kinder, die manchmal quengelig sind, nerven und stören, weil sie nach Aufmerksamkeit suchen und wahrgenommen werden wollen, senden uns auch unsere ureigensten Gefühle so lange Signale, bis wir bereit sind, uns ernsthaft mit ih-

31

nen zu beschäftigen. Der Schlüssel liegt darin, sie als ein Teil unserer Persönlichkeit zu achten und in unserem Leben zu integrieren. Je klarer wir im Denken werden, umso klarer erkennen wir, was uns unsere Emotionen vermitteln wollen. So können wir immer besser mit ihnen umgehen.

Kein Mensch ist immer nur lieb und nett, ehrlich und hilfsbereit, tolerant und verständnisvoll. In uns allen gibt es auch den Gegenpol zu diesen Eigenschaften – Seiten, die hässlich und gemein, unehrlich, faul, voller Vorurteile und ohne Mitgefühl sind. Wenn wir das ununterbrochen verdrängen, als schlecht bewerten und uns niemals gestatten, auch nur ein kleines Fitzelchen dieser unangenehmen Eigenschaften zu zeigen, werden sich diese Anteile, ohne dass wir es wollen, immer gravierender im Außen präsentieren. Genau das ist der Grund, warum sich manche Menschen über die schlechten Gewohnheiten anderer endlos ereifern können, während das gleiche Verhalten andere Menschen völlig ungerührt lässt. Ziehen Sie doch mal selbst Ihre Schlüsse und beobachten Sie sich und Ihre Umgebung etwas aufmerksamer. Wer sich zum Beispiel pausenlos über die Rücksichtslosigkeit und den lockeren Lebenswandel mancher Jugendlicher aufregt, war in seiner eigenen Jugend vielleicht sehr strengen Normen und Regeln unterworfen. Um sich nicht mit der Trauer über die verpasste Unbekümmertheit der Jugendjahre auseinandersetzen zu müssen, wird das, was man selbst nicht leben konnte,

als verwerflich eingestuft. Und damit diese Selbstver-
leugnung auch dauerhaft funktioniert, wird die betreffende Person nach außen immer strenger und tugend-
hafter. Aber wehe, es treten Umstände ein, die unerwartet
das Ventil dieses Dampfkessels unterdrückter Gefühle
öffnen. Da kann der Alkoholkonsum auf einer feucht-
fröhlichen Betriebsfeier schon mal mit einem ziemlichen
Desaster enden – und gleichzeitig die große Erleichterung bringen, sich endlich nicht mehr hinter einer
schlecht sitzenden Maske verbergen zu müssen.

Nachfolgend ein Notfall-Rezept, das beschreibt, wie Sie
bei passender Gelegenheit die bewusste Auseinander-
setzung mit Ihrer Gefühlswelt im Detail gestalten
könnten:

Notfall-Rezept

Nachspüren

Du bist allein zu Hause, keiner stört dich, keiner
will was von dir – eine wunderbare Voraussetzung, dich für eine fest begrenzte Zeit gründlich
mit deinen Gedanken und Gefühlen zu beschäftigen. Sei ehrlich mit dir selbst und schau dir die
Beweggründe für deine Stimmung genau an. Mache dir keine Vorwürfe oder Schuldgefühle. Werde
dir klar darüber, ob du an den Umständen, die

dich bedrücken, etwas ändern kannst und wenn ja, was und wie. Male dir diese Möglichkeiten in allen Facetten und bunten Farben aus. Versuche auch zu akzeptieren, dass du manche Dinge nun mal nicht ändern kannst. Vermeide es, in den Strudel einer negativen gedanklichen Wiederholungsschleife zu geraten. Wenn du dich mit den wesentlichen Themen, die dich bedrücken, auseinandergesetzt hast, verabschiede dich bewusst von deinen Gefühlen und sage dir selbst, dass deine inneren Stimmen nun genügend Aufmerksamkeit bekommen haben. Sei dir über Folgendes im Klaren: Du bist nicht deine Gedanken und du bist auch nicht deine Gefühle. Verborgen unter diesem ganzen innerlichen Wirrwarr wartet völlig unversehrt und gelassen dein eigentliches Selbst auf dich!

Nimm dann gedanklich einen großen Müllsack, in den du deine Traurigkeit, deinen Kummer, deine Enttäuschung und deinen Ärger hineinpackst und bringe den Müllsack anschließend in die nächste Müllverbrennungsanlage.

Suche dir jetzt eine positive Beschäftigung, die dich genügend fesselt, um dich gedanklich in eine andere Richtung zu lenken. Ein spannendes Buch, eine Meditations-CD, eine Bastelarbeit, schöne Musik oder auch intensive Hand- und

Fußpflege – gehe ganz nach deiner Intuition, was dich am besten von deinem Gedankenkarussell ablenken kann, dich zentriert und in eine positive Stimmung bringt. Und jedes Mal, wenn dein Kopf dir einen Strich durch die Rechnung macht und du wieder zu grübeln anfängst, erinnere dich, dass du diese Grübeleien doch schon zur Mülldeponie gebracht hast. Stehe dann auf und trinke ein Glas Wasser. Du wirst merken, wie lästig es ist, andauernd deine Tätigkeit unterbrechen und aufstehen zu müssen. Und spätestens beim dritten Gang auf die Toilette wirst du herzhaft über dich selber lachen und keine Lust mehr haben, immer wieder Müllmann zu spielen.

Je klarer Sie Ihre Gefühle erkennen und sie mit einem gewissen inneren Abstand wahrnehmen können, umso deutlicher werden Sie merken, dass sie so vorübergehend sind wie die Launen des Wetters. Und je weniger Sie sich vom Gemütswetterbericht in Aufregung und Ängstlichkeit versetzen lassen, umso schneller wird das Wetter wieder umschlagen. Lassen Sie die Wolken kommen und gehen, erfreuen Sie sich an der Sonne, ohne sie für immer festhalten zu wollen, ertragen Sie dankbar den Regen, begrüßen Sie Kälte und Schnee und seien

Sie sicher, dass die warmen Tage ganz von selbst wiederkehren werden.

Gefühle sind Zeiterscheinungen, mit denen Sie sich nicht identifizieren sollten. Sie sind traurig, aber Sie sind nicht die Trauer. Sie sind momentan hilflos, aber damit sind Sie nicht automatisch die personifizierte Ratlosigkeit. Sie sind vielleicht gerade einsam und allein, aber damit haben Sie keinen Vertrag als Oberrepräsentant der Einsamkeit geschlossen. Sie haben lediglich vorübergehende traurige, hilflose oder einsame Gefühle.

Langzeit-Rezept

»Das Gefühls-ABC«

Unsere Emotionen sind auf der Grundlage unserer Bewertungen und der Zustände, die sie in uns auslösen, in die Kategorien gut und schlecht, angenehm oder unangenehm aufgeteilt. Im Grunde hat jedoch jedes Gefühl die gleiche Daseinsberechtigung. Damit es dir zukünftig leichter fällt, nicht mehr so oft in Schubladen zu denken und damit du dich nicht mehr so leicht zu (Vor-)Urteilen verleiten lässt, habe ich, ohne den Anspruch auf Vollständigkeit zu erheben, eine Auflistung mit den vielen positiven Aspekten scheinbar negativer Empfindungen erstellt. Du findest darin auch Anregungen, um langfristig konstruktiver und besser mit deinen Gefühlen umgehen zu können und in der trüben Gefühlssuppe eines Keiner-liebt-mich-Tages nicht den klaren Blick fürs Wesentliche zu verlieren. Wenn in der Liste für dich wichtige Gefühle fehlen, dann nutze doch einfach dein Notizbuch, um diese Emotionen zusammen mit deinen persönlichen Interpretationen zu ergänzen.

Angst

Es ist grundsätzlich gut, über ein inneres Warnsystem zu verfügen und es nicht zu ignorieren. Wenn du dich ohne Scheu mit deiner Angst und dem »worst case« konfrontierst, wirst du feststellen, dass die Wirklichkeit oft weniger schrecklich und aussichtslos ist als deine Phantasievorstellung. Nach dieser Konfrontation mit deinen Gefühlen kannst du berechtigte Ängste von den unberechtigten trennen. Grundlose, diffuse Angstgefühle lösen sich dann meistens ganz von selbst wieder auf.

Einsamkeit

In der Akzeptanz des Alleinseins weichen die Gefühle von Isolation und Einsamkeit und bieten dir eine ideale Möglichkeit, dich unbeeinflusst von äußeren Einflüssen deinen tieferen Bedürfnissen zu widmen. Wenn du dir dadurch selbst näher kommst, wirst du dich künftig weniger einsam fühlen und Phasen des Alleinseins genießen lernen.

Enttäuschung

»Ent-täuscht« – das heißt, die Wahrheit kommt ans Licht und die Täuschung ist aufgehoben. Wenn du ent-täuscht wurdest, gelingt es dir, die eigene subjektive Wahrnehmung von der Realität zu trennen. Jetzt kann dir niemand mehr so schnell »Sand in die Augen streuen«.

Hilflosigkeit

Möglichkeiten, dir helfen zu lassen, gibt es immer – wenn du nur bereit bist, dich von der einseitigen Vorstellung, wie diese Unterstützung auszusehen hat, zu lösen. Versuche festzustellen, wo genau du Hilfe benötigst und öffne Augen und Herz für alle Möglichkeiten und Wege (Personen, Institutionen, Literatur, zufällige Bemerkungen usw.), die dir Unterstützung zukommen lassen können.

Misstrauen

Misstrauen ist ein Mangel an Vertrauen. Du witterst überall Gefahren und verschließt dich daher vorbeugend vor vielen Dingen, vielleicht auch vor Erfahrungen, die dir viel Freude bereiten würden. Wenn du beginnst, übertriebenes Misstrauen von einer gesunden Vorsicht zu unterscheiden und vermehrt auf dich

selbst und auf deine innere Stimme hörst, wird sich das allgemeine Misstrauen in ein sicheres Vertrauen zu dir selbst und zu deiner untrüglichen Intuition wandeln. Und wenn du sicher in dir ruhst, wirst du dich auch anderen gegenüber wieder mehr öffnen können.

Neid

Wenn du jemanden beneidest, wünschst du dir etwas, was du nicht zu haben glaubst. Neidgefühle sind ein Signal für Unzufriedenheit – sie zeigen, dass es an der Zeit ist, die eigenen Lebensumstände ehrlich zu hinterfragen. So kann Neid ein guter Ansporn sein, erste Schritte zu unternehmen, um dein Leben gemäß deinen eigenen Vorstellungen zu gestalten. Neid kann aber auch dazu auffordern, einfach mal den Blickwinkel zu wechseln und voller Dankbarkeit zu betrachten, welche Fülle in deinem Leben bereits vorhanden ist.

Scham

Wenn du dich schämst, verdrängst du meist ungeliebte Emotionen und Persönlichkeitsanteile, die ebenfalls zu dir gehören. Es ist sehr heilsam und befreiend, diese Schattenseiten anzuschauen, anzunehmen und dir deine (vermeintlichen) Fehler selbst zu vergeben. Stehst du zukünftig aufrichtig zu deinen Stärken und Schwächen, brauchst du dich auch nicht mehr hinter unangenehmen Schamgefühlen zu verbergen.

Sehnsucht

Wenn du sehnsüchtig bist, suchst du nach etwas, was eine Leere in dir ausfüllen bzw. verdrängte Bedürfnisse befriedigen soll. Dieses Suchen und Sehnen hast du bisher vielleicht fälschlicherweise auf einen anderen Menschen projiziert. Jetzt kannst du die Gelegenheit nutzen, zu erforschen, wo deine wahren Wünsche verborgen liegen und wie du sie dir selbst erfüllen kannst.

Trauer

Während der Trauerphase erkennst du, dass du einen Verlust erlitten hast. Du fühlst deine Wertschätzung für den anderen Menschen oder die vergangenen Erlebnisse und Erfahrungen und gestehst dir zu, verletzlich und traurig zu sein. Die Trauer ermöglicht dir einen angemessenen Abschied von Menschen oder Lebensvorstellungen und räumt danach wieder den Platz für neue Träume und Pläne. Vielleicht trauerst du ja auch um ungenutzte Chancen, weil du dich nicht ge»traut« hast und erkennst jetzt, dass du mit jeder Sekunde, in der du weiterhin trauerst und zögerst, noch mehr Zeit verschwendest.

Verlassenheit/Getrenntsein

Wer sich oft von aller Welt verlassen, getrennt und im Stich gelassen fühlt, hat sich meist zu irgendeinem Zeitpunkt selbst verlassen. Dies kann schon früh in der Kindheit geschehen sein, wenn die Eltern körperlich wie geistig nicht genügend präsent waren und so verhindert wurde, dass sich ein natürliches Lebensgefühl von Geborgenheit und innerer Stärke entwickeln konnte. Mit diesen Erfahrungen im Hintergrund neigt man dazu, in jeder nachfolgenden Bezugsperson Ersatz für die entgangene Zuwendung zu suchen. Erst wenn du anerkennst, dass nur du allein in der Lage bist, dieses Defizit aufzufüllen, wird es dein oberstes Anliegen, dich niemals mehr selbst zu verlassen und sorgsam auf die Erfüllung deiner seelischen Bedürfnisse zu achten.

Verzweiflung

Meist sind wir verzweifelt, weil immer wieder etwas schiefgeht und wir trotz aller Bemühungen nichts an unserer Situation ändern können. Wendest du manchmal auch viel Mühe auf, um deine Zweifel noch zu verstärken? Der Glaube an dich selbst sowie Zuversicht und Vertrauen in deine Fähigkeiten und das Leben sind ein wirksames Gegenmittel gegen Zweifel und Verzweiflung.

Wut

Wut ist ein sehr aktives Gefühl. Es schrankenlos auszuleben, bringt statt Erleichterung meist noch mehr Aggressionen. Du kannst jedoch die darin enthaltene Energie positiv umwandeln und kraftvoll für dich selbst und die Verwirklichung deiner Lebensvorstellungen nutzen. Denn fast immer steckt hinter der Wut in allererster Linie eine Riesenwut auf uns selbst. Du wirst aber auch feststellen, ob sich hinter deiner Wut vielleicht noch andere Gefühle verborgen hielten, die nun wahrgenommen werden sollten.

• •

Mit etwas Übung in der Beobachtung und Lenkung Ihrer Gedanken und Gemütsbewegungen wird es Ihnen immer leichter und schneller gelingen, Ihre Gefühlswetterlage zu wechseln – von Trauer zur Lebensfreude, von Ängstlichkeit zur Unternehmungslust, von der Einsamkeit zur Geselligkeit etc. Sie werden sich ganz selbstverständlich im »Gefühls-ABC« zurechtfinden und Emotionen »lesen« lernen.

3

bye bye
commander

abschied vom
kritischen chefkoch

In gewisser Weise sind so gut wie alle Menschen multiple Persönlichkeiten. In jedem von uns kommunizieren ständig die unterschiedlichen Persönlichkeitsanteile miteinander. In der Transaktions-Analyse (eine Form der Psychoanalyse) wird zwischen Kindheits-Ich, Eltern-Ich und Erwachsenen-Ich unterschieden. Diese drei Familienmitglieder melden sich in schöner Regelmäßigkeit zu Wort, manchmal gesellen sich noch diverse Verwandte hinzu.

Im Kreis dieser Familie ist das Kindheits-Ich der spontane, übermütige, verspielte, gleichzeitig auch der verschreckte und verängstigte Teil in uns. Er ist von den frühesten Kindheitserfahrungen geprägt und reagiert noch auf die gleiche Weise wie als Kind. Manchmal wehrt sich dieser Teil gegen die Last zu vieler Pflichten und zu großer Verantwortung oder hat das Gefühl, zu kurz zu kommen, allein und verloren zu sein. Das ist der Teil, der sich beim Mitarbeitermeeting plötzlich sträflich vernachlässigt fühlt, weil er bei der Befragungsrunde übergangen wurde.

Meistens ist es auch das Kindheits-Ich, das sich immer noch fürchtet, wenn's blitzt, mit Herzklopfen vor fremden Menschen und Situationen steht oder eine tief verwurzelte Abneigung gegen bestimmte Speisen hat. Ebenso kann dieses Kindheits-Ich zum Ausdruck kommen, wenn wir in uns selbst versunken am Strand nach Muscheln suchen oder begeistert bei einer Sportveranstaltung mitfiebern.

Das Eltern-Ich ist vorwiegend davon geprägt, wie wir unsere eigenen Eltern oder die Personen, die uns aufgezogen und betreut haben, erlebten. Das Erleben ist dabei ganz subjektiv aus der Perspektive des Kindes zu sehen und sagt nichts über die Qualität oder die Beweggründe der Eltern aus. Wenn Sie zum Beispiel als Kind, egal ob offensichtlich oder unterschwellig, die Botschaft erhalten haben, Sie machten nie etwas richtig, Ihre Meinung sei nicht wichtig, Sie müssten immer lieb und folgsam sein, damit Sie Aufmerksamkeit erhalten, dann werden Sie sich aller Wahrscheinlichkeit nach heute selbst so streng behandeln, wenn Ihnen mal wieder Ihr inneres Kind durchgegangen ist.

Nehmen wir mal an, Sie haben sich spontan entschlossen, an einem Marathonlauf teilzunehmen, denn davon hätten Sie schon immer geträumt. In Ihrer Euphorie haben Sie keinerlei Selbstzweifel, Sie trauen sich die Strecke körperlich zu und glauben auch für die Vorbereitungsphase fest an Ihr mentales und physisches Durchhaltevermögen. Aber oje – Sie haben nicht mit Ihrem Eltern-Ich, diesem Oberstänkerer, Besserwisser und Miesmacher gerechnet. Kaum haben Sie das Anmeldeformular ausgefüllt, geht es schon los: »O Gott, nur noch zwei Monate bis zum Lauf. Das schaffe ich nie, was habe ich mir nur dabei gedacht. Da war ich wieder mal völlig voreilig.« Jetzt braucht nur noch Ihr Partner/Ihre Partnerin fragend die Augenbrauen hochzuziehen, wenn Sie von Ihren Plänen berichten, und Ihre wunderbare Anfangseuphorie zerschmilzt wie Eis in der Sonne. Jede noch so kleine neckische Bemerkung im Bekanntenkreis, jedes kleine Hindernis während der Vorbereitung nimmt Ihr kritisches Eltern-Ich zum Anlass, Ihre Fähigkeiten anzuzweifeln. Na ja, und wenn ihm niemand Einhalt gebietet, es sich so richtig ins Zeug legen und alle Register ziehen darf, dann ist das Ergebnis natürlich vorprogrammiert. Der Traum vom Marathonlauf wird platzen, bevor Sie überhaupt an den Start gehen können, Ihr Kindheits-Ich hockt verschüchtert in der Ecke und wird sich künftig jede Spontaneität dreimal überlegen.

Und wo war während der ganzen Geschichte das Erwachsenen-Ich? Vielleicht hat es sich hin und wieder eingeschaltet, wenn der innere Kritiker zu heftig wurde und zum Beispiel ständig an die niederschmetternden Erfahrungen während eines Schülerwettkampfes erinnerte. Beschwichtigend meinte es dann: »Das ist doch schon lange her. Seitdem sind viele Jahre vergangen und du hast danach sogar bei zwei Sportfesten Urkunden gewonnen.« Nun hatte das Kindheits-Ich wieder grünes Licht und dachte, es würde schon reichen, sich nur an diese beiden Erfolge zu erinnern. Danach aber hatte sich das Erwachsenen-Ich gleich wieder ausgeklinkt, und die Rangelei zwischen Kind und Kritiker ging weiter. Das Erwachsenen-Ich war noch nicht ausgereift genug, um seine Funktion als übergeordneter Vermittler, Ratgeber und letztendlicher Entscheider zu übernehmen. Aber wie lässt sich so was trainieren?

Zunächst einmal ist es wichtig, die eigentliche Funktion des Erwachsenen-Ichs zu beleuchten. Viele von uns haben in ihrer Kindheit von den Eltern nicht das Maß an Zuwendung und Verständnis bekommen, das notwendig gewesen wäre, um ihnen eine solide Grundausstattung an Sicherheit und Selbstwert zu vermitteln. Wie schon gesagt, es ist wenig hilfreich, hier Schuldzuweisungen vorzunehmen, denn die meisten Eltern tun wirklich alles, was in ihren Kräften steht. Aber jeder kann nur das weitergeben, was er auch selbst einmal empfangen hat. So wachsen dann viele Menschen rein äußerlich als Erwachsene heran, innerlich tragen sie aber noch viele unerfüllte kindliche Bedürfnisse mit sich herum. Da sich das Erwachsenen-Ich durch die fehlende Vorbildfunktion der Eltern nicht in einem natürlichen Reifungsprozess herausbilden konnte, bleiben sie dann in dem zermürbenden Wechselspiel zwischen ihren erlebten Kind/Eltern-Rollen hängen.

Mit dem Wissen, dass es möglich ist, dieses Defizit aus Kindheitstagen – zumindest teilweise – auch noch im Erwachsenenleben auszugleichen, können Sie sich entscheiden, sich ab jetzt selbst zu »bemuttern«. Im Laufe der Zeit werden Sie feststellen, wie viel Freiheit und Unabhängigkeit es Ihnen verschafft, wenn Sie Ihre Fähigkeit verbessern, mit sich selbst so liebevoll, reif und konsequent wie nur möglich umzugehen.

Und so kann es sich in der Alltagspraxis anfühlen

und auswirken, wenn die drei inneren Stimmen noch rivalisieren:

Nehmen wir als Beispiel eine alltägliche Situation wie die Planung eines freien Nachmittags. Zahnarztbesuch, Behördengang, Einkäufe, Fitnessstudio – ein straffes Programm für die paar Stunden. Vielleicht beginne ich üblicherweise recht schwungvoll mit meinen Erledigungen und denke optimistisch: »Na ja, wenn ich pünktlich um drei losfahre, beim Arzt gleich drankomme, danach alles straff erledige und bei den Einkäufen nicht bummle, dann bleiben mir noch gut zwei Stunden fürs Fitnessstudio, vielleicht kann ich sogar noch in die Sauna.« Beim Arztbesuch klappt alles einwandfrei, nur eine halbe Stunde Wartezeit. Bei der Behörde stelle ich fest, dass ich ein wichtiges Dokument vergessen habe und nächste Woche wiederkommen muss. Eine ungeduldige Bemerkung der Beamtin bringt mich sehr in Verlegenheit und nun kommt zu dem Ärger über den doppelten Zeitaufwand auch noch ein peinliches Schamgefühl wegen meiner Vergesslichkeit. »Typisch«, denke ich beim Verlassen des Amtes, »weil ich auch nie kontrolliere, ob ich wirklich alles beieinander hab. Geschieht mir recht, die dumme Bemerkung dieser Beamten-Tussi.« Ich muss nicht lange überlegen, wer jetzt mit mir geschimpft hat – ganz klar, mein kritisches Eltern-Ich.

Während des Einkaufs fechten das zurechtgewiesene Kind-Ich und das verärgerte Eltern-Ich ein unbewusstes Gerangel aus. Das Kind in mir will sich von dem unangenehmen Gefühl der Unzulänglichkeit ablenken und sehnt sich nach einer angenehmen Zerstreuung. Ich schiebe die notwendigen Besorgungen auf, schlendere durch den Elektronik-Shop und höre mich durch die neuesten CDs. Darüber vergeht die Zeit wie im Flug und als ich auf die Uhr sehe, bleibt nur noch eine halbe Stunde für die restlichen Einkäufe. Mein Eltern-Ich schimpft mit mir wegen der aufkommenden Hektik und mein Kind-Ich kauft trotzig zwei neue CDs. Nun hat das Eltern-Ich während des gesamten Lebensmitteleinkaufs Gelegenheit, mir wegen der unnötigen Geldausgabe Vorwürfe zu machen. Weil ich so mit mir hadere und gleichzeitig besonders schnell sein will, komme ich nun völlig in Stress, verliere auch noch den Einkaufszettel und vergesse dadurch die wichtigsten Sachen. Natürlich ist die halbe Stunde längst überschritten und die Feierabendschlange an der Kasse ist endlos lang.

Fürs Fitnessstudio bleibt jetzt noch höchstens eine Stunde, an Sauna ist sowieso nicht mehr zu denken. Mein inneres Kind ist völlig erschöpft und hat keine Lust mehr, überhaupt noch ins Studio zu fahren. Aber das Eltern-Ich möchte zumindest oberflächlich das Gefühl wahren, die ursprünglichen Pläne eingehalten zu haben und mahnt mich, in jedem Fall noch was für die Figur zu tun. Also hetze ich weiter, absolviere im Ruckzuck-Verfahren ein paar Kraftübungen und sause dann endlich nach Hause. Auch wenn ich nun scheinbar alles erledigt habe, habe ich kaum eine Minute der verbrachten Zeit frohen Herzens genießen können und von meinem kostbaren freien Nachmittag verbleibt nur ein leeres Gefühl von Versagen und Erschöpfung. Den Rest des Abends verbringe ich lustlos zappend vor dem Fernseher.

Wahrscheinlich hat allein schon das Lesen dieser Schilderung ein angespanntes und entmutigendes Gefühl in Ihnen hervorgerufen. Vielleicht fragen Sie sich, was es Ihnen denn nun eigentlich nützt, wenn Sie wissen, welcher Ihrer Persönlichkeitsanteile gerade einen Kommentar abgegeben hat. Nun, schon das Beobachten Ihrer inneren Abläufe schafft einen gesunden Abstand, der Ihnen hilft, sich nicht so sehr mit den einzelnen Anteilen zu identifizieren. So kann Ihr neutraler, liebevoller Beobachter, also das Erwachsenen-Ich, vermittelnd eintreten und einzelne Situationen entschärfen, bevor sie eskalieren.

Und so kann es in der Alltagspraxis funktionieren, wenn das Erwachsenen-Ich seine ausgleichende Position einnimmt:

Beim Verlassen des Amtes rede ich mir begütigend zu: »So, jetzt hol ich erst mal tief Luft. Na ja, blöd, dass ich das Dokument vergessen habe – aber das kann jedem passieren. Dafür ging es beim Arzt sehr schnell. Wenn ich jetzt gut auf die Zeit achte, könnte ich mich sogar noch eine halbe Stunde bei den CDs umschauen.« Ich genieße es dann ohne schlechtes Gewissen, mir einen Einblick in die neuesten Musikproduktionen zu verschaffen. Währenddessen bleibt mein erwachsener Beobachter eingeschaltet und sorgt dafür, dass ich über den Musikgenuss nicht die Zeit vergesse. Ich finde zwei CDs, die mir besonders gut gefallen, bedenke aber, dass ich mir momentan nicht beide auf einmal leisten kann. Beim Durchrechnen fällt mir ein, dass eine Freundin sich kürzlich eine der beiden CDs gekauft hat und so entscheide ich mich für die andere.

Danach habe ich noch genügend Spielraum, um in aller Ruhe die Lebensmittel einzukaufen. Diesmal verliere ich keinen Einkaufszettel, aber an der Kasse ist auch jetzt eine Riesenschlange. Da ich jedoch keine Hektik verspüre, finde ich mich einfach damit ab und vertreibe mir gut gelaunt die Wartezeit, indem ich mit dem Kind im Einkaufswagen vor mir herumalbere. Nun bliebe sogar noch genügend Zeit für zwei Stunden Fitness und einen anschließenden Saunagang. Das Kind in mir hat aber keine Lust auf die Geräte und will am liebsten gleich in die Sauna. Das strenge Eltern-Ich pocht auf die zwei Stunden Pflichttraining vor dem Saunavergnügen. Das Erwachsenen-Ich entscheidet sich schließlich für einen Kompromiss: kurze Aufwärmphase, eine Stunde Training und danach Sauna bis zum Abwinken. Als ich dann abends heimkomme, habe ich das gute Gefühl, dass alles Wichtige erledigt ist und ich mir trotzdem genügend Zeit für mich nehmen konnte.

Langzeit-Rezept

Guck mal, wer da spricht

Wie gerade geschildert, lässt es sich in alltäglichen Situationen optimal ausprobieren, wie das Erwachsenen-Ich hilfreich fungieren kann. Werde dir hierfür zuerst einmal dessen bewusst, dass du nicht deine Gedanken bist. Sieh dich selbst wie einen neutralen Beobachter über dem pausenlosen Geschnatter deiner kleinen grauen Zellen sitzen und übe dich darin, klar zu unterscheiden, woher gerade die eine oder andere Überlegung kommt.

Es ist sehr entspannend, wenn der nörgelnde innere Kritiker endlich mal zur Ruhe findet und wenn das innere Kind nicht ständig, um Aufmerksamkeit bettelnd, Pläne sabotiert. Du bringst sehr viel Gelassenheit und Ordnung in deine Gedanken- und Gefühlswelt, wenn du dein Erwachsenen-Ich immer deutlicher zum Ausdruck kommen lässt. Es ist eine Sache der Übung, deine inneren Stimmen zu identifizieren und zu lenken. Und es erfordert ein ständiges Training der ehrlichen, aber urteilsfreien Selbstbeobachtung. Dieser Teil in dir ist mit deiner Intuition verbunden und weiß somit auch, was dir guttut und was du dir wirklich von Herzen wünschst.

Und wenn sich mal wieder das kleine übermütige Kind oder der gestrenge Elternteil durchgesetzt haben, gestatte es dir einfach als einen Ausdruck deiner facetenreichen Persönlichkeit. Vertraue darauf, dass du nicht gleich bei der geringsten Unausgeglichenheit die Kontrolle verlieren wirst. Wenn du deine inneren Stimmen konsequent sortierst, wirst du immer deutlicher erkennen, wie du »tickst« bzw. wie deine inneren Mechanismen ablaufen.

Mit der Erkenntnis, dass einzig und allein dein übergeordneter Wille darüber entscheidet, was als Nächstes getan werden soll, hast du nun die Verantwortung für deine (Fort-)Schritte übernommen. Und so werden Klarheit und Freiheit immer öfter Einzug in dein Leben halten.

Bei gefühlsmäßigen Ausnahmesituationen kann es sinnvoll sein, einen vertrauten und ehrlichen Freund um Unterstützung zu bitten. Wenn du diese Person gut genug kennst, kann sie dir in emotional angespannten Momenten helfen, den Überblick zu bewahren und klar zu sortieren, welcher »Familien-Teil« sich gerade Gehör verschaffen will und welche Entscheidung für dich die beste ist.

Und falls gerade kein guter Freund zur Verfügung steht, übertrage deine innere Debatte einfach auf drei Blatt Papier, die jeweils einer Stimme zugeordnet sind. Durch das Aufschreiben wird dir dein Gedankengang, seine Herkunft und Intention noch deutlicher bewusst. Du kommst durch die Zuordnung der aufgeschriebenen Dialoge innerlich zur Ruhe und kannst dann im Bedarfsfall viel leichter eine Entscheidung treffen.

Eigenlob stimmt

Bestimmt kennen Sie die deutsche Sängerin Nena. Im Jahr 2003 erlebte die vielseitige Künstlerin ein sensationelles Comeback. Verdienterweise bekam sie dann auch den begehrten Musikerpreis »Echo« für ihr Lebenswerk verliehen. Wie bei solchen Anlässen üblich, wandte sich Nena nach der Preisverleihung mit ein paar Worten an das Publikum. Und wie es sich gehört, bedankte sie sich brav bei ihrem Produzenten, ihren Musikerkollegen, ihren Kindern, ihrem Partner etc. Am Schluss dieser Rede sagte sie jedoch noch ein paar Sätze, die vollkommen ungewöhnlich waren – sie bedankte sich bei sich selbst. Nena gab ganz ungeniert, ohne Angabe und Hochmut, in klaren Worten zu erkennen, dass sie stolz auf sich selbst war, gute Arbeit geleistet und den Preis somit wirklich verdient hatte.

Diese kleine Demonstration wahrer Selbstliebe spaltete die Nation. Solch eigenartige Anwandlungen war man bisher nur von sehr exzentrischen Persönlichkeiten gewohnt. Aber ausgerechnet unsere Nena? Nein, das ging einfach zu weit. Öffentlich wurde in den Medien darüber diskutiert, ob so ein unverhohlenes Selbstlob schicklich wäre oder nicht. Diese kleine Episode ist ein klassisches Beispiel dafür, wie es allgemein um das Thema Selbstwert und Eigenliebe bestellt ist.

Wenn es darum geht, über jemand anderen ein paar nette Worte zu sagen oder zu schreiben, fällt uns das in der

Regel nicht schwer. Wir richten unser Augenmerk auf die positiven Aspekte dieser Person, übersehen geflissentlich die kleinen Schwächen und verpacken die Bemerkungen über besondere Eigenheiten humorvoll. Die Verdienste der gewürdigten Person, ihre herausragenden Stärken – all das wird lobend und dankbar hervorgehoben.

Und wenn wir so etwas für uns selbst tun sollten? Am Beispiel Nena zeigt sich, wie wenig wir es gewohnt sind, dass jemand über sich selbst voller Liebe und Dankbarkeit spricht. Abgesehen von der Scheu vor der Reaktion der anderen würde es jedoch vielen Menschen auch ohne Zuhörer nicht gelingen, liebevoll von sich zu sprechen. Ja, wie denn auch, wenn uns schon von Kindesbeinen an eingetrichtert wurde: »Sei bloß nicht so eingebildet«, »Eigenlob stinkt!«, »Hochmut kommt vor dem Fall« etc. Solch eine grundverkehrte Einstellung haben Eltern, Erzieher und Lehrer aber auch nur an uns weitergegeben, weil sie es selbst nicht anders gelernt hatten. Doch jetzt können Sie selbst entscheiden, inwieweit Sie an derart überholten, ungesunden Denkweisen festhalten möchten. Denn es besteht ein großer Unterschied zwischen Aufgeblasenheit gepaart mit Selbstüberschätzung und einem grundsätzlich anerkennenden, positiv wie auch negativ ehrlichen und stets freundlichen Umgang mit sich selbst. Wenn Sie es wirklich wollen, dann kann jetzt niemand mehr verhindern, dass Sie sich endlich in einem rundum wohlwollenden Licht betrachten. Hier eine gute Übung dazu:

Langzeit-Rezept

Oscar-Verleihung

Einkaufsliste: Ein schöner Blumenstrauß, ein paar leckere Häppchen, dein Lieblingssekt

Versetze dich doch bitte einmal in folgende Situation: Du selbst bist dein eigener bester Freund/deine beste Freundin und sollst für dich selbst eine Rede anlässlich einer Oscar-Verleihung verfassen. Eine Art kurzer Lebensrückblick – was würdest du über dich schreiben? Lasse einfach dein Leben in kurzen Sätzen Revue passieren. Schreibe in der zweiten Person von den Schwierigkeiten, mit denen du zu kämpfen hattest und die du erfolgreich gemeistert hast. Erwähne die großen und die kleinen Schicksalsschläge, schreibe, wie viel Kraft, Mut und Ausdauer du aufgebracht hast, welche besonderen Fähigkeiten und Talente dich auszeichnen und wie stolz du darauf bist, so jemanden wie dich selbst zum Freund zu haben. Wenn du deine Rede fertig geschrieben und noch einmal gelesen hast, beginnt die Vorbereitung zur Oscar-Verleihung. Hierfür solltest du dir genügend Zeit nehmen. Besorge dir einen wunderschönen Blumenstrauß ganz nach deinem Geschmack. Dann mache dich zurecht, als wärst du tatsächlich zu solch einer Veranstaltung eingeladen. Dusche dich, schminke dich, parfümiere dich, hole dein schönstes Kleid/deinen besten Anzug aus dem Schrank. Wenn du dich rundherum wohl fühlst, stelle dich vor einen großen Spiegel, in dem du dich von Kopf bis Fuß betrachten kannst.

Und nun verleihe dir als dein eigener bester Freund/deine eigene beste Freundin den Oscar für dein Lebenswerk. Lese dir vor dem Spiegel selbst deine Rede vor, schaue dich dabei immer wieder an und lege ganz viel Wohlwollen und Liebe in deine Stimme. Am Schluss der Rede empfange den Blumenstrauß und schreite davon, als wäre auf dem Fußboden ein roter Teppich ausgerollt. Und wenn du dir bei den ersten Versuchen furchtbar lächerlich vorkommst, dann gib bitte nicht gleich auf. Ich wette, auch jeder Oscar-Anwärter übt mehr als einmal, bis er sich ausreichend vorbereitet für seinen großen Tag fühlt. Lasse die Zeremonie bei dezenter Musik, einem guten Tropfen und ein paar edlen Häppchen (die du praktischerweise schon vorher zubereitet hast) angenehm ausklingen.

Noch eine kleine Anmerkung: Es versteht sich von selbst, dass du für deine ganz private Oscar-Verleihung völlig allein und ungestört zu Hause sein solltest. Wie es zu deinem neuen Selbstbewusstsein gekommen ist, darf ruhig dein kleines Geheimnis bleiben. Wenn dir plötzlich ungewohnt viele Komplimente gemacht werden, lächle einfach huldvoll wie ein Hollywood-Star und genieße es in vollen Zügen.

Vielleicht kommt Ihnen die Oscar-Verleihung ja ein bisschen zu »dick aufgetragen« vor und es widerstrebt Ihnen, sich selbst zu feiern. Dann betrachten Sie dieses Rezept doch einfach als ein mutiges Einstiegsexperiment für eine langfristig angestrebte Verhaltensänderung sich selbst gegenüber. Denn es ist gut möglich, dass das einmalige Durchführen dieser kleinen Zeremonie es Ihnen noch nicht ermöglicht, sich dauerhaft in einem liebevolleren Licht zu betrachten. Dazu bedarf es vielleicht noch zusätzlicher Übung und Konsequenz. Eine gute Anregung dazu finden Sie unter der Überschrift »Werden Sie selbst Ihr bester Freund« auf den folgenden Seiten.

Aber für den einen oder anderen gibt es noch eine andere kleine Hürde, sich mit der Oscar-Verleihung anzufreunden: der ewige Kampf mit den lästigen Pfunden. Da reicht schon ein Blick in den Spiegel aus, um unzufrieden zu sein und sich selbst niederzumachen. Und damit hier eine liebevolle Selbstachtung nicht schon im Ansatz vereitelt wird, noch ein weiteres Rezept. Diesmal für den Notfall und schnell durchzuführen:

Notfall-**R**ezept

Wonneproppen

An manchen Tagen, wenn der morgendliche Blick in den Garderobenspiegel gnadenlos offenbart, dass sich der Erfolg der letzten Diät gerade wieder ins Gegenteil verkehrt, kann das leidige Thema mit der schlanken Linie für den Rest des Tages die Laune trüben. Vielleicht kennst du ja auch das Gefühl, dir ein paar Kilo zu viel angefuttert zu haben, wenn Hosen und Röcke gerade noch zu schließen sind und bei jedem Schritt an den immerwährenden Kampf mit den Pfunden erinnern. Es zwickt und drückt sehr unangenehm und zu der deprimierten Stimmung gesellen sich noch latente Schuldgefühle.

Mach dir am besten nicht zu viele Gedanken, bei vielen Menschen schwankt das Gewicht ein bisschen auf und ab, je nach Jahreszeit oder seelischer Verfassung. Völlig menschlich, orientiert man sich dann kleidergrößenmäßig lieber nach unten und will sich in den oberen Größen gar nicht erst häuslich einrichten. Solange es mit dem Vorsatz, stets zu der gewünschten Konfektionsgröße zurückzukehren, immer wieder klappt, ist der zwickende Bund zumindest eine gute Erinnerung. Es ist nur wichtig, dass diese Gedächtnisstützen nicht in Selbstquälerei ausarten. Eine

Freundin von mir, mit einer hinreißend weiblichen Figur, bestrafte sich in Zeiten der wiedergekehrten Kilos noch zusätzlich, indem sie dann uralte, unmodische Kleidung aus dem Schrank kramte und sich nur noch im Figur verhüllenden Schlabberlook präsentierte. Da sie sich jetzt aber – wenn auch völlig unberechtigt – noch unattraktiver fühlte, verpasste sie ihrem Selbstbewusstsein einen zusätzlichen Dämpfer und hatte nicht mal mehr die Energie für ihren Ausgleichssport.

Da wäre es doch viel aufbauender, wenn du dir für solche »Wonneproppen-Phasen« einfach ein Not-Outfit zulegst: zum Beispiel ein schickes Kleid, das auch in der nächsten Kleidergröße noch eine Superfigur macht, eine auch noch mit drei Kilos mehr auf den Hüften perfekt sitzende Hose sowie zwei, drei edle und mit oder ohne Kummerkilos der Figur schmeichelnde Oberteile. Die begrenzte, aber schicke Garderobe ermöglicht es dir dann auch trotz kleiner Speckröllchen, dich rundum wohl und attraktiv zu fühlen. Dieser kleine Trick verhindert gleichfalls, dass die ständig wiederkehrenden Sätze »Ich bin zu dick – Ich seh unmöglich aus – Ich muss abnehmen – O Gott, das schaff ich nie ...« erst recht dafür sorgen, dass die Wirklichkeit diese Gedankengänge widerspiegelt und mit zwei Kilo zusätzlich manifestiert.

Ergänzend zu dem »Wonneproppen-Outfit« kannst du dir noch lockere, aber ebenfalls schicke, modische Sportkleidung zulegen, in der die kleinen Pölsterchen sicher vor kritischen Blicken (auch vor den eigenen!) geschützt sind. Damit fällt es wesentlich leichter, sich nicht ständig mit anderen zu vergleichen und sich attraktiv gekleidet effektiven sportlichen Aktivitäten zu widmen, um »step by step« das Wunschgewicht zu erreichen.

Werden Sie Ihr bester Freund

Kehren wir doch noch mal zu dem Ansatz zurück, sich selbst gegenüber wie der beste Freund zu sein. Überlegen Sie mal: Welche Verhaltensweisen sind für Sie wichtig, wenn jemand ein echter und verlässlicher Freund für Sie sein soll? Bestimmt sind Ihre Maßstäbe ähnlich wie die Kriterien, die ich so für mich zusammengetragen habe:

1. Ein echter Freund spricht vor anderen nicht schlecht oder abwertend über mich.
2. Ein echter Freund hat Zeit, wenn ich ihn wirklich brauche.

3. Ein echter Freund kann wirklich zuhören und nimmt ernst, was ich zu sagen habe.
4. Ein echter Freund gibt mir das Gefühl, dass ich ein wertvoller und wichtiger Mensch für ihn bin.
5. Ein echter Freund akzeptiert mich mit all meinen Stärken und Schwächen.
6. Ein echter Freund macht seine Zuneigung nicht von Äußerlichkeiten oder Gefälligkeiten abhängig.
7. Ein echter Freund kennt mich und schätzt den Austausch mit mir.
8. Ein echter Freund ist ehrlich zu mir und bekennt sich klar zu seiner eigenen Meinung, geht aber in dieser Ehrlichkeit liebevoll und einfühlsam mit mir um.
9. Ein echter Freund zweifelt nicht an meinen Fähigkeiten und bestärkt mich, wenn ich selbst mal zweifle.
10. Ein echter Freund freut sich, wenn er mich sieht.
11. Ein echter Freund setzt mich nicht unter Druck und verlangt nicht, dass ich etwas tue, was mir widerstrebt oder was mir nicht guttut.

Diesen Freundschaftsregeln könnten Sie sicherlich noch einige Punkte hinzufügen, die für Sie persönlich wichtig sind.

So weit, so gut – einem Freund gegenüber sind Sie sicher ohne Zögern bereit, diesen Maßstäben zu entsprechen, denn Sie möchten ja schließlich ebenso von ihm behandelt werden. Aber begegnen Sie sich eigentlich selbst auch mit solch einem hohen Anspruch? Vergleichen Sie doch einfach Ihr Verhalten sich selbst gegenüber mit den Freundschaftsregeln:

1. Machen Sie sich anderen gegenüber niemals klein und werten Sie sich nicht ab?
2. Nehmen Sie sich wirklich genügend Zeit für sich selbst und für Ihre Entspannung?
3. Hören Sie sich selbst aufmerksam zu, nehmen Sie wichtig, was Sie sagen und wollen? Oder stellen Sie Ihre Meinung als unwichtig hin und sich selbst meist hintenan?
4. Haben Sie sich selbst gegenüber ein Gefühl von Hochachtung und Wertschätzung?
5. Nehmen Sie es gelassen und ohne Abwertungen hin, dass Sie wie jeder Mensch Stärken und Schwächen haben?
6. Ist Ihr Respekt und Ihre Wertschätzung für sich selbst nicht davon abhängig, ob Sie gerade mit Ihrem Äußeren oder Ihren Leistungen zufrieden sind oder nicht?
7. Kennen Sie Ihre wichtigsten Wünsche und Bedürfnisse? Horchen Sie regelmäßig in sich hinein, um bei Dissonanzen herauszufinden, was los ist?
8. Sind Sie bei diesem Hineinhorchen auch konstruktiv ehrlich mit sich – also ohne sich die Dinge schönzureden, aber auch ohne sich niederzumachen oder mit Selbstvorwürfen zu belasten?

9. Wissen Sie, dass Sie einzigartig sind und viele einzigartige Fähigkeiten haben? Können Sie sich auch bei Selbstzweifeln liebevoll annehmen?

10. Wie geht es Ihnen, wenn Sie sich morgens im Spiegel sehen oder unverhofft in einem Schaufenster gespiegelt werden? Sind Sie zufrieden mit sich und glücklich, dass es Sie gibt?

11. Verlangen Sie keine Dinge von sich, die Ihnen im Grunde widerstreben? Bürden Sie sich nie zu viel Arbeit und zu viele Pflichten auf? Achten Sie regelmäßig auf Ihre Gesundheit und auf das, was Ihnen körperlich und seelisch guttut?

Kopf hoch, wenn Sie nicht jede Frage mit einem klaren Ja beantworten konnten. Wahre Freundschaft braucht Zeit, Vertrauen und Geduld – und Sie sind doch erst am Beginn, sich dauerhaft mit sich selbst anzufreunden. Hinterfragen Sie einfach regelmäßig: Würde ich so, wie ich mich mir selbst gegenüber verhalte, über mich denke und spreche, auch mit meinem allerbesten Freund umgehen? Mit der Zeit werden Sie immer deutlicher und schneller merken, wo noch Verbesserungen möglich sind. Und schließlich werden Sie feststellen, dass der Mensch, dem Sie am allermeisten vertrauen und auf den Sie sich hundertprozentig verlassen können, Sie selbst sind.

schluss mit einsam

tagesmenüs
für die freizeit

Immer mehr Menschen achten heutzutage auf ihre körperliche Gesundheit. Sie trainieren regelmäßig im Fitnessstudio, joggen in ihrer Freizeit und wissen genau Bescheid, welche Kalorien, Vitamine und Mineralstoffe sie sich mit ihrer Nahrung zuführen. Einer der Hauptgründe für dieses ausgeprägte Körperbewusstsein ist das heutzutage allgemein zugängliche Wissen über die physiologischen Zusammenhänge. Das ist eine sehr begrüßenswerte Entwicklung, denn schließlich fühlt sich jeder Mensch wohler, wenn er gesund ist und eine attraktive Ausstrahlung hat.

Verwunderlich ist nur, dass es wesentlich weniger Menschen zu interessieren scheint, wie und mit was sie ihren Geist und ihre Gefühlswelt ernähren und stärken. Wer denkt, er könne sich auf dem Sprichwort »In einem gesunden Körper wohnt ein gesunder Geist« ausruhen, macht es sich etwas zu leicht. Es sei denn, er versteht die Worte so, dass wir nur dann einen gesunden Körper erleben können, wenn wir parallel dazu auch darauf achten, wie wir unsere Gedanken lenken und unser Gemüt beeinflussen.

Medienterror –
Müssen wir uns das antun?

Fernsehen und Fernsehen ist nicht das Gleiche. Wer sich bewusst eine erbauliche Sendung gönnt und diesen Filmgenuss dann wie nach einem Kinobesuch weiter in sich wirken lässt, kann sich sehr bereichert fühlen. Nun gibt es aber leider seit vielen Jahren die unsäglichen Fernbedienungen, die es einem ermöglichen, lediglich mit einem Knopfdruck noch einen letzten Blick in unzählige Fernsehkanäle zu werfen. Wer es nicht schafft, jetzt rechtzeitig den Ausschalter zu drücken, tut sich wirklich nichts Gutes. Abgesehen vom Schlafmangel – haben Sie gewusst, dass nach drei Stunden Dauerzappen der Endorphingehalt (das sind diese tollen Gute-Laune-Boten) des Blutes um 30 Prozent sinken kann? Da ist es nicht verwunderlich, wenn wir uns nach einigen Stunden TV-Konsum müde und lustlos fühlen. Und haben Sie sich schon mal gefragt, welcher Teufel uns eigentlich reitet, dass wir unsere Stimmung durch die regelmäßige Zufuhr von schlechten Nachrichten auf einem fast depressiven Niveau halten?

Schon seit einigen Jahren beschränke ich – trotz meiner journalistischen Tätigkeit – die täglichen Informationen über das Weltgeschehen auf ein Minimum. Ich kann einfach keinen Sinn darin erkennen, mehrmals täglich genauestens darüber informiert zu werden, wenn hunderte Kilometer von mir entfernt ein Zug entgleist

ist, Verbrechen begangen wurden oder ein Vulkan aus-
gebrochen ist. Es hilft niemandem, wenn mich die mi-
nutiöse Verfolgung dieser Katastrophen wie gebannt vor
dem Fernseher gefangen hält. Im Gegenteil, da nun
durch das Mitleiden auch meine eigene Energie absinkt,
bleibt mir vielleicht nicht mal mehr genügend Kraft, um
in meinem unmittelbaren Umfeld positiv zu wirken.

Ebenso wenig halte ich es für aufbauend, wenn ich
dabei zusehen und zuhören kann, wie sich Menschen in
Talkshows beschimpfen, in Gerichtssendungen denun-
zieren, unter den Augen der Öffentlichkeit ihre intimsten
Erlebnisse offenbaren oder sich der Lächerlichkeit preis-
geben. Angesichts eines so einseitigen Ausschnitts aus
der menschlichen Lebensvielfalt fühlen wir uns wie in
einer kranken Welt mit lauter gestörten Wesen und wir
entwickeln ein sehr verzerrtes und begrenztes Bild unserer einzigartigen Fähigkeiten und Potenziale. Es überrascht nicht, dass wir uns nach solch fragwürdigem
Fernsehgenuss dann ebenfalls als fehlerhaft, klein, unfä-
hig und – völlig zu Recht – wie ferngesteuert empfinden.
Darum sollten wir uns niemals davon lenken lassen, was
die Allgemeinheit oder der Zeitgeist zu verlangen scheint.
Vielmehr sollten wir uns daran orientieren, was unsere
Energie steigert und unsere Lebensfreude verstärkt.

Grundsätzlich gilt: Wer sich gut zu beschäftigen weiß,
hat weniger Zeit für Selbstzweifel und zum Trübsalbla-
sen. Benjamin Franklin hat das einmal sehr treffend aus-

gedrückt: »Eine Stunde konzentrierter Arbeit hilft mehr, deine Lebensfreude anzufachen, deine Schwermut zu überwinden und dein Schiff wieder flottzumachen, als ein Monat dumpfen Brütens.«

Die nachfolgenden Rezepte lassen sich besonders gut an unausgefüllten, langweiligen und einsamen Tagen einsetzen, an denen man mangels anderer Verpflichtungen schnell in die Versuchung gerät, einfach den Fernseher einzuschalten. Sie helfen schnell und wirkungsvoll dabei, sich aus negativen, lustlosen Stimmungen zu befreien und können je nach Zeit und Bedürfnis einzeln angewendet oder nach Lust und Laune kombiniert werden:

Notfall-Rezept

Hautkontakt

Keiner-liebt-mich-Tage sind besonders schmerzlich, wenn niemand da ist, der dich liebevoll berührt und in den Arm nimmt. Da wir Menschen jedoch sehr anpassungsfähig sind, fällt uns dieser Mangel an körperlicher Zuwendung mit der Zeit nicht mal mehr auf. Unser Bewusstsein registriert kaum ein Defizit, sind wir doch bestens darin geübt, elementare Bedürfnisse zu verdrängen. Aber Körper und Gemüt vermissen die Streicheleinheiten und zeigen ihr Defizit oft durch versteckte Symptome.

Was spricht da zum Beispiel dagegen, einen Termin bei einem guten Masseur zu buchen oder sich die nötige Zuwendung durch andere Wellness-Angebote zu holen, wenn sich Körper und Seele nach Berührungen sehnen? Solche »Streichelmedizin« ist eine der effektivsten Heil- bzw. Gesunderhaltungsmethoden, die wir regelmäßig nutzen sollten. Oder – ebenso einfach und völlig kostenlos – bitte doch beim nächsten Treffen einen lieben Freund, dich mal ganz lang und liebevoll in den Arm zu nehmen. Solche kleinen Gesten im Alltag wirken wahre Wunder, denn wir berühren und umarmen uns alle viel zu wenig.

Auch der liebevolle Umgang mit Tieren vermittelt das positive Gefühl, Zuwendung zu geben und zu erhalten, geliebt zu werden und für andere da sein zu dürfen. Dazu ist es noch nicht einmal notwendig, sich ein Haustier anzuschaffen und langfristige Verpflichtungen einzugehen. Eine meiner Freundinnen, die mangels Platz und Zeit keine eigenen Tiere halten kann, geht regelmäßig ins Tierheim und führt verschiedene Hunde aus. Das Tierheim ist dankbar für die Unterstützung, die Hunde freuen sich über den Auslauf und die Streicheleinheiten und meine Freundin genießt die offen gezeigte Zuneigung. Dies vermittelt ihr das Gefühl, geliebt und gebraucht zu werden.

Und wenn weder Masseur, Freunde noch Hunde verfügbar sind, dann gönne dir einfach ein langes Bad und verwöhne danach jedes Körperteil mit einem wohlriechenden Öl und einer Massage. Wenn dein Körper viel liebevolle Aufmerksamkeit und Wertschätzung erhält, wird sich auch automatisch deine Stimmung verbessern.

Zugegeben, keine dieser Übungen kann den innigen, zärtlichen Austausch mit einem Menschen, den man liebt, ersetzen, aber sie können dich wunderbar darin unterstützen, deine momentane Situation besser zu akzeptieren, dich wesentlich wohler, wertgeschätzt und vom Leben geliebt zu fühlen.

Redezeit

Neben den körperlichen Kontakten kann auch mangelnde Kommunikation zu einem Gefühl der Einsamkeit und Isolation beitragen. Manchmal ist es dann tatsächlich besser, das Rezept »Nachspüren« (siehe Seite 33ff.) anzuwenden und im stillen Zwiegespräch mit sich selbst allein zu bleiben. Zwischendurch ein Spaziergang in der Natur ist dabei allemal befreiender und heilsamer als stundenlanges Grübeln in den eigenen vier Wänden.

Du kannst dich aber auch mal einer völlig neuen Herausforderung stellen. Nimm dir vor – egal, was du unternimmst –, in den nächsten Stunden mindestens mit drei bis vier dir völlig fremden Menschen ein kleines Gespräch zu führen. Einzige Voraussetzung: Du solltest wenigstens das Haus verlassen! Hier ein paar Ideen:

- Verwickle die Blumenfrau in eine Unterhaltung über ihre schönen Frühlingssträuße.
- Befrage einen Museumsgast zu seiner Meinung über die Gemälde.
- Lies einem Kind im Zoo die Hinweisschilder vor.
- Sprich beim Shopping die Frau oder den Mann neben dir auf sein tolles Outfit an.
- Knüpfe im Zug ein Gespräch über das Buch an, das dein Gegenüber gerade liest.
- Grüße mit offenem Blick die Menschen, die du an der Bushaltestelle siehst und wirf eine allgemeine Bemerkung in die Runde.
- Mache einem Paar auf der Parkbank ein Kompliment, weil es so glücklich wirkt.
- Biete einem schwer bepackten Passanten deine Hilfe beim Tragen an.
- Bitte den Fitnesstrainer um Tipps für dein persönliches Sportprogramm.

Egal, mit wem du ein Gespräch anknüpfst, es wird dir leichter fallen, wenn du ein paar simple Dinge beachtest: Sei aufrichtig mit dem Herzen dabei, schenke den Äußerungen des anderen gebührend Beachtung und trage mit deiner eigenen Meinung immer wieder selbst zum Austausch bei. Du brauchst dir wirklich nicht komisch vorzukommen, sondern kannst mit Recht stolz auf deinen Mut und deine Initiative sein. Sag einfach etwas Nettes, mache ein freundliches Kompliment und schon hast du den Stein ins Rollen gebracht. Wer freut sich nicht, wenn man offen und freundlich auf ihn zugeht und ihm Aufmerksamkeit schenkt? Du kannst es schon als gutes Gelingen verbuchen, wenn die angesprochene Person erfreut reagiert und du darfst stolz darauf sein, einen liebevollen Impuls gesetzt zu haben. Und wenn der andere mit mehr als einem Nicken und einsilbigen Brocken antwortet, signalisiert dies schon mal die Bereitschaft für einen kurzen Austausch.

Wenn deine Gesprächsversuche ein paar Mal positiv verlaufen sind, bist du erfolgreich über deinen eigenen Schatten gesprungen, hast nette Leute kennengelernt, viel Neues erfahren und dich wunderbar von deinem Gefühl der Einsamkeit abgelenkt.

Kreativissimo

Du hast einen gähnend langweiligen Tag vor dir, an dem du nichts Wichtiges zu erledigen und keinerlei Verabredungen hast? Gratulation – jede gestresste Mutter und jeder gehetzte Manager würde dich um so viel Freiraum beneiden. Also mache das Beste daraus. So ein paar völlig ungestörte Stunden sind doch die besten Voraussetzungen dafür, um sich kreativ zu betätigen. Was ist beispielsweise mit den Malutensilien, die du schon vor Jahren gekauft hast und die seitdem ungenutzt herumliegen? Oder der ausgefallene Weihnachtsschmuck, für den vor den Festtagen die Zeit zum Basteln immer zu knapp ist? Oder die Tischplatte mit den Mosaiksteinchen, die du dir schon ganz genau vorstellen kannst? Und was ist mit der Kurzgeschichte, die in deinem Kopf schon existiert und nur darauf wartet, endlich zu Papier gebracht zu werden?

Jetzt ist die Zeit und Gelegenheit, eine deiner kreativen Ideen zu verwirklichen. Entscheide dich für etwas, worauf du heute so richtig Lust hast und wofür das benötigte Material vorhanden ist. Musst du noch die eine oder andere Kleinigkeit besorgen, dann mach dir gleich eine Liste, damit du beim Einkaufen nichts vergisst und danach sofort loslegen kannst. Lasse dich von deiner Phantasie inspirieren – aber sei nicht zu anspruchsvoll mit dir und erwarte kein perfektes Resultat. Setze dich bitte nicht unter Druck, denn auch hier ist der Weg das Ziel.

Genieße die Stunden, in denen du dich selbstvergessen auf jeden Handgriff konzentrierst. Beobachte die Farbe, wie sie in deinem Bild immer neue Akzente setzt. Spüre die Geschicklichkeit deiner Finger und höre auf deine kreativen Eingebungen beim Basteln der Weihnachtsdeko. Gestalte in aller Ruhe Steinchen für Steinchen dein ganz spezielles Muster auf der Tischplatte. Lasse die Sätze zu deiner Geschichte unzensiert aus dir herausfließen oder genieße es, für die schriftliche Wiedergabe deiner Gedankengänge die exakt passenden Formulierungen zu finden.

Sei nicht entmutigt, wenn du am Anfang noch nicht so richtig in Fluss kommst. Mache einfach mit Geduld und Sorgfalt weiter – es heißt ja, ein künstlerisches Werk besteht zu zehn Prozent aus Inspiration und zu neunzig Prozent aus Transpiration. Diese Aufteilung gilt meiner Erfahrung nach aber höchstens für die Anfangsphase. Kreativität braucht regelmäßige Betätigung, um immer freier und leichter zu fließen. Je mehr du dich in dein Werk vertiefst, je öfter du dranbleibst, umso leichter wird es dir fallen. Du bekommst immer mehr Übung und gibst dem kreativen Funken in dir die Chance, zu einem leidenschaftlichen künstlerischen Feuer zu werden. Irgendwann tritt der berühmte »Flow-Effekt« ein, du vergisst die Welt um dich herum und wirst eins mit deinem Werk. Und dann schaust du abends auf die Uhr und fragst dich, wo die letzten Stunden geblieben sind – keine Spur mehr von Einsamkeit und Langeweile.

Es ist ein wunderbares Geschenk an dich selbst, wenn du dir die Möglichkeit gibst, auf kreative Weise, unabhängig von äußeren Gegebenheiten und anderen Menschen, tiefe Freude und Befriedigung zu erleben.

Relax

Vielleicht geht es dir ja ähnlich wie mir – was habe ich in Form von Kursen und Workshops nicht schon alles ausprobiert: Yoga, Shiatsu, Qigong, Pilates, diverse Tanztechniken, Meditationen und vieles mehr. Es war jedes Mal eine wunderbare Erfahrung, dem Verstand eine Pause zu gönnen, in meinen Körper hineinzuhorchen

und mich ganz meinen Gefühlen und Empfindungen zu überlassen. Ein oder zwei Techniken
konnte ich dauerhaft in meinen Tagesablauf integrieren, aber die meisten Übungen habe ich
mangels Zeit und Motivation leider wieder vernachlässigt.

So ein völlig verpflichtungsfreier Keiner-liebt-
mich-Tag bietet die ideale Möglichkeit, alte Un-
terlagen oder Bücher herauszukramen und sich
ohne zeitliches Limit mal wieder in die Übungen
zu vertiefen. Da lohnt es sich auch, das passende
Ambiente zu schaffen. Die Möbel sind schnell auf
die Seite geschoben, der Boden mit Matten oder
Decken vorbereitet, die Entspannungs-CD einge-
legt, ein Erfrischungsgetränk bereitgestellt und
schon kann's losgehen.

Und lasse dich nicht entmutigen – wer lange aus
der Übung ist, braucht auch ein Weilchen, um
wieder ins Training zu kommen. Gönn dir genügend Zeit fürs Aufwärmen, sei zufrieden, wenn
zunächst nur die leichtesten Bewegungsabläufe
klappen und nimm jede deiner Bewegungen bewusst wahr. Niemand hetzt dich, das Tempo be-
stimmst du ganz allein. Genieße es, die Muße und
Ruhe dafür zu haben, deinen Körper zu spüren.
Wenn du dann eine Pause machen möchtest,
kannst du sie bei entsprechendem Wetter gleich

mit einem Spaziergang, Walken oder Joggen an der frischen Luft verbinden.

Während dein Körper dann fleißig Endorphine ausschüttet und sich von ganz allein die Stimmung hebt, kannst du dir anschließend noch selber auf die Schulter klopfen. Du hast es geschafft, den uns allen bekannten inneren Schweinehund zu überwinden und diese Zeit erfolgreich für deine körperliche und seelische Gesundheit genutzt. Am besten legst du für die nächste Woche gleich einen neuen Termin für ein Fitnessdate mit dir selbst fest. Und wer weiß, wenn du rechtzeitig einen Freund oder eine Freundin informierst, hast du beim nächsten Mal vielleicht Gesellschaft und es ergibt sich daraus mit der Zeit euer regelmäßiges gemeinsames Trainingsprogramm.

Kontaktarmut und Einsamkeit sind leider weit verbreitete Phänomene in unserer Gesellschaft. Über die Ursachen zu spekulieren, würde hier zu weit führen. Und schließlich ist für Sie ja vor allem interessant, wie Sie an dieser Situation etwas ändern können. Kontaktfähigkeit und ein lockerer Austausch mit anderen Menschen will tatsächlich geübt sein. Da ist es kein Wunder, wenn man durch ein zurückgezogenes Leben mit der Zeit etwas

»einrostet« oder unsicher wird. Doch wenn es Ihnen vielleicht schon gelungen ist, mit dem Ausprobieren des Rezeptes »Redezeit« mutig einen Schritt auf andere Menschen zuzugehen, dann haben Sie jetzt eventuell richtig Lust bekommen, sich auch an ein größeres »Projekt« heranzuwagen. Also – viel Spaß beim nächsten Rezept!

Langzeit-Rezept

Let's have a party

Wieder mal ein Wochenende, an dem jeder eine Verabredung zu haben scheint, nur dich hat niemand auf die Gästeliste gesetzt? Oder du hast den Eindruck, dass das Leben an dir vorbeiläuft und es immer dort am interessantesten ist, wo du nicht bist? Du bist also von Gott und der Welt vergessen? Hallo, aufwachen – das glaubst du doch nicht wirklich! Mag ja sein, dass dir dein Leben früher viel abwechslungsreicher und fröhlicher erschien. Aber es hat bestimmt auch seine guten Gründe, wenn du nun etwas zurückgezogener lebst. Und wenn du der Ansicht bist, schon immer etwas am Rand gestanden und den anderen beim Leben zugeschaut zu haben, dann kannst du das immer noch ändern. Jetzt sofort. Warte nicht isoliert und passiv darauf, bis dir irgendwann eine Einladung ins

Haus flattert, sondern werde einfach selbst aktiv und lass uns gemeinsam ein Fest planen.

Oh, du weißt nicht, wen du einladen sollst? Du pflegst kaum Kontakte und die wenigen Leute, die du kennst, werden sicher keine Lust haben, dich zu besuchen? Na, dann hast du doppelt Grund, diese Situation zu verändern und mehr Abwechslung und Freude in dein Leben zu lassen. Und für die Gästeliste gibt es bestimmt mehr Kandidaten, als du ahnst: Wie wäre es zum Beispiel mit dem Pärchen aus der Nachbarwohnung, das immer so freundlich grüßt? Und dann gibt es doch sicherlich noch den einen oder anderen Kollegen von dir oder deinem Partner, mit dem du dich schon immer mal etwas näher austauschen wolltest. Oder langjährige Brieffreunde, nette Urlaubsbekanntschaften, vertrauenswürdige Kontakte aus dem Chatroom, Bekannte aus dem Verein oder Fitnessclub, alte Freunde aus der Schulzeit. Die Gästezahl richtet sich natürlich auch nach deinen/euren Platzverhältnissen. Aber unterschätze nicht die Kapazität einer kleinen Wohnung – hier kann es etwas beengt ganz besonders gemütlich werden. Eines meiner schönsten Feste fand mit 18 Personen in einer kleinen 50-qm-Wohnung statt.

Nimm dir für die Auswahl der Gäste genügend Zeit. Bunt gemischt ist immer gut, und wenn sich bei allen Gegensätzlichkeiten auch Menschen mit ähnlichen Interessen finden, werden sich alle bestimmt sehr wohl fühlen. Plane den Termin lang genug im Voraus.

Wenn du dann noch innerhalb einer gewissen Bedenkzeit um Bescheid wegen der Zu- oder Absage bittest, kannst du bei Bedarf noch nach Ersatzgästen Ausschau halten und dann in aller Ruhe die Vorbereitungen treffen.

Vielleicht willst du dein Fest unter ein bestimmtes Motto stellen. Dieses Motto kann sich dann wie ein roter Faden von der Einladung über die Dekoration der Wohnung, die Auswahl der Musik, eventueller Spiele oder Einlagen bis zur Zusammenstellung der Speisen und Getränke erstrecken. Hier ein paar Anregungen:

Wenn unter deinen Freunden viele Vegetarier sind, nenne deine Party doch einfach »Happy vegetables«, zaubere kleine Köstlichkeiten aus Gemüse und Obst, bitte jeden, sein Lieblingsessen mit Rezept mitzubringen und eine passende Kopfbedeckung zu basteln. So sparst du dir Arbeit bei den Vorbereitungen, über das Austauschen der Rezepte entsteht gleich ein guter Kontakt unter den Gästen und es wird sicher sehr lustig, wenn in deinem gemüsig-bunt dekorierten Wohnzimmer diverse Karottenköpfe, Apfelmützen und Kartoffelhüte auftanzen.

Oder wie wär's denn mal mit »Brot und Spiele«? Du organisierst Brotspezialitäten in allen Variationen. Die Brotaufstriche und Beläge sind schnell vorbereitet oder können auch als Mitbringsel von den Gästen beigesteuert werden. Wenn's ganz einfach sein soll, gibt's halt nur Pizzabrötchen. Du bereitest dann ein paar lustige Gesellschaftsspiele vor – Charade wirkt zum Beispiel immer sehr auflockernd. Oder du organisierst dir ein Flipchart und deine Gäste bilden zwei Gruppen. Du hast Begriffe, Sprichwörter und Redewendungen ausgesucht, die zeichnerisch dargestellt und so schnell wie möglich erraten werden müssen. Jeder der Gäste muss dabei sein künstlerisches Talent unter Beweis stellen, was mit Sicherheit für viel Spaß und Abwechslung sorgen wird. Oder frag doch bei Freunden und Kollegen nach, was sie noch für lustige Partyspiele kennen.

Das waren nur ein paar kleine Ideen aus der großen Bandbreite der Möglichkeiten, wie du dir und deinen Gästen ein paar heitere, unvergessliche Stunden bereiten kannst. Hast du beim Lesen schon Lust bekommen, dein Fest vorzubereiten? Du wirst sehen, allein die Planungen werden dich so beschäftigen, dass kein Platz mehr für Grübeleien und Einsamkeitsgefühle bleibt. Der Umfang und die Gestaltung deines Festes richtet sich natürlich nach deinen finanziellen Möglichkeiten. Aber grundsätzlich ist eine gelungene Feier weniger eine Frage des Geldes als eine Sache der kreativen Planung, der Ungezwungenheit des Gastgebers und der Spontanität der Gäste.

Für schöne Erinnerungen solltest du daran denken, Fotos zu machen oder jemanden bitten, seinen Fotoapparat mitzubringen. Halte auch ein hübsches Notizbuch als Gästebuch bereit. Darin kannst du später noch die Bilder einkleben und wirst dich, wenn du mal wieder Zeit und Lust verspürst, eine Party zu geben, daran erinnern, wie gut es dir schon mal gelungen ist, ein rundum schönes Fest zu organisieren.

●●●●●●●●●●●●●●●●●●●●●●●●●●●●●●●●●●

Sehr wirkungsvoll
und hilfreich für alle Beteiligten:
Für andere da sein

Wenden wir uns unterstützend und helfend anderen Menschen zu, vergessen wir automatisch unseren eigenen Kummer. Keiner-liebt-mich-Tage werden dann immer weniger Platz in unserem Kalender haben.

Über 20 Millionen Bundesbürger über 14 Jahren sind in ihrer Freizeit ehrenamtlich in Verbänden, Initiativen oder Projekten aktiv. Welche Motive treiben Menschen dazu an, sich ehrenamtlich zu engagieren? Um dies herauszufinden, führte das deutsche Familienministerium eine Untersuchung durch. Die meisten Befragten gaben zur Antwort, dass es für sie eine wertvolle und wichtige Erfahrung sei, etwas fürs Gemeinwohl zu tun und anderen Menschen zu helfen. Gleichzeitig war es ihnen aber auch wichtig, dass die Arbeit Spaß macht. Drei Viertel der ehrenamtlich Tätigen hatten den Wunsch, ihre Kenntnisse und Erfahrungen zu erweitern. Für jüngere Menschen spielte der mögliche berufliche Nutzen eine Rolle, die älteren Menschen suchten durch ihr freiwilliges Engagement vor allem Abwechslung. Und ein weiteres, besonders interessantes Motiv teilten alle Altersgruppen: Die freiwillige Arbeit tut dem Ego gut und stärkt das Selbstwertgefühl!

Der US-Gesundheitsexperte Allan Luks hat diesen Zusammenhang etwas näher untersucht. Er kommt zu dem Schluss: »Helfen ist ein menschliches Bedürfnis.« Altruismus – dieses komplizierte Wort ist die Bezeichnung für den natürlichen Wunsch, anderen zu helfen. Altruismus nützt anderen, aber auch der Helfer fühlt sich dabei rundum gut, denn das Helfen hat eine heilende Kraft. Forschungen zeigten, dass der Körper dabei entspannt und Glückshormone ausschüttet. Es reduziert Stress und wirkt in gewisser Weise meditativ. In Studien stellte Luks ein Hochgefühl, das sogenannte »Helper's High«, bei ehrenamtlich Tätigen fest. Dieses äußert sich laut Luks als ein Gefühl steigender Kräfte, wachsender Energie oder zunehmender Wärme im Körper. Dieser euphorische Zustand geht mit der vermehrten Ausschüttung glücklich machender Endorphine einher. Und sollten Sie jetzt auch Appetit auf ein paar Endorphine und ein »Helper's High« bekommen haben, dann lesen Sie am besten gleich das folgende

Langzeit-Rezept

Helfen macht glücklich

Überlege dir erst mal, womit du andere am liebsten und besten unterstützen würdest: Kannst du besonders gut mit Kindern umgehen? Hast du viel Geduld und Verständnis für ältere oder kranke Menschen? Liebst du Tiere oder Gartenarbeit? Wann hast du am ehesten Zeit – morgens oder am Feierabend, unter der Woche oder nur an Wochenenden? Wenn du diese »Rahmenbedingungen«, vielleicht mit Hilfe eines konstruktiven Austauschs unter Freunden, geklärt hast, wird sich bestimmt auch das passende Wirkungsfeld für dich finden.

Frage doch mal im Altenheim oder in der Kinderklinik nach, ob das Pflegepersonal es begrüßen würde, wenn du den großen oder kleinen Patienten vorliest oder mit ihnen spazieren gehst. Oder erkundige dich, ob es das Personal entlasten könnte, wenn du mit den Kindern spielst, bastelst, Bilder malst etc. Du kannst auch bei deiner Gemeinde oder Stadtverwaltung nachfragen, für welchen ehrenamtlichen Bereich noch Unterstützung gebraucht wird. Oder halte einfach in der Nachbarschaft die Augen offen und erkundige dich in deinem Bekanntenkreis. Vielleicht gibt es da die alleinerziehende Mutter, für die es eine große Erleichterung wäre, wenn du ihr Kind vom Kindergarten abholen, ihm Nachhilfeunterricht geben oder ein Mittagessen kochen könntest. Oder du siehst einen gebrechlichen Menschen, der glücklich darüber wäre, wenn du für ihn die Einkäufe erledigen oder den Hund ausführen würdest. Eine weitere Idee wäre es, deine Fähigkeiten in Sachen Autoreparatur, Renovieren oder Gartenpflege anzubieten.

Egal für was du dich entscheidest – zeigst du Eigeninitiative und gehst freundlich und unterstützend auf andere Menschen zu, wird sich dein Einsatz unmittelbar positiv auf dich und dein Lebensgefühl auswirken. Während der aufmerksamen Unterstützung und Beschäftigung mit anderen Menschen gibt es keinen Raum für übertriebene Selbstzentriertheit. Stattdessen fühlst du dich sinnvoll beschäftigt, wertvoll und erfüllt. Du kannst außerdem die befreiende Erfahrung machen, dass menschliche Wärme und Zuwendung nicht nur über die engsten Lebenspartner erlebbar sind.

loslassen

ideale zutat,
    nicht immer leicht
zu kriegen

Loslassen – dieses Wort haben wohlmeinende Freunde oft parat, wenn es darum geht, eine Situation so zu akzeptieren, wie sie nun mal ist. Das ist schnell gesagt und klingt so kinderleicht. »Mensch, lass es doch einfach sein«, beschreibt ganz treffend, worum es beim Loslassen geht. Etwas sein zu lassen bedeutet zum einen, sich nicht mehr um eine Angelegenheit zu kümmern und zum anderen, eine Situation bedingungslos mit allem Für und Wider anzunehmen, sie so sein zu lassen, wie sie nun mal ist.

Aber da wir sehr darauf konditioniert sind, unsere Lebensumstände verbessern oder zumindest beeinflussen zu wollen, gelingt es uns oft nur äußerlich, ohne Protest zu akzeptieren, während wir innerlich weiter mit den Umständen hadern und dadurch wirkliches Loslassen verhindern.

Jeder, der sich selbst einmal in der Lage befunden hat, keinerlei Einfluss mehr zu haben und nichts anderes mehr tun zu können, als einfach nur hinzunehmen, was gerade ist, weiß aus Erfahrung: Loslassen ist manchmal eine der schwersten Übungen, die das Leben für uns bereithält. Aber vielleicht hat er auch erleben dürfen, wie es zu einer wundersamen Wende kommen kann, wenn es tatsächlich gelingt, sich kompromisslos von dem verbissenen Streben nach der Erfüllung bestimmter Wünsche abzuwenden.

»Wer loslässt, hat die Hände frei.« Dieser Spruch ist in seiner Wahrheit und Schlichtheit einfach genial.

Wenn Sie das krampfhafte geistige Festhalten symbolisch auf Ihre Hände übertragen, wird völlig klar, was dabei innerlich geschieht. Solange Ihre Hände versuchen, eine Sache festzuhalten oder zu tragen, so lange können Sie sich mit nichts anderem beschäftigen. Schließlich haben wir ja nur diese zwei Hände. Und während diese verbissen zerren und ziehen, der ganze Körper dabei immer erschöpfter und müder wird, steht die ganze Zeit vielleicht schon ein Paketbote mit einem wunderbaren Geschenk neben uns. Aber wahrscheinlich sehen wir ihn nicht mal, weil wir uns ja so auf das Festhalten konzentrieren. Und wenn wir anschließend die Anwesenheit des Boten registrieren, was nützt es uns? Wir haben ja keine Hand frei, um das Geschenk entgegenzunehmen. Vielleicht haben wir Glück und der Bote wartet geduldig, bis wir von selbst erkennen, wie unsinnig und unhöflich unser Verhalten ist. Oder er stellt das Paket einfach neben uns ab, damit wir es öffnen können, wenn uns endlich ein Licht aufgeht. Aber es gibt auch Boten und Gelegenheiten, die können nicht warten, weil sie dringend weiter müssen und es genügend andere Menschen gibt, die sich riesig über das Geschenk freuen und es sofort annehmen würden.

Individuelle Wege,
um leichter loszulassen

Damit Sie Ihre Geschenke künftig sofort entgegenneh-
men können, habe ich einige wirkungsvolle Rezepte zusammengetragen, die Ihnen helfen können, Situationen
nicht mehr unnötig und verkrampft festzuhalten. Suchen Sie sich aus diesen Techniken diejenigen heraus,
die Sie am meisten ansprechen und bei Ihnen am besten
funktionieren – je nach Situation kann mal die eine, mal
die andere besser passen.

Notfall-Rezept

Gute Reise

Wenn du einen oder mehrere Menschen loslassen möchtest, dann stelle dir dies wie einen richtigen Abschied vor. Du stehst an einem Hafen,
der am Meer liegt und die Schiffe ins weite Meer
hinausführt. Es ist kurz vor Sonnenaufgang und
dein Schiff liegt schon zum Auslaufen bereit. Du
verabschiedest dich von den Menschen, die du
loslassen möchtest, dankst ihnen für die gemein-
same Zeit und für alles, was sie dir gegeben haben. Du wünschst ihnen alles Gute und gehst an

Bord. Während du in den Sonnenaufgang hinein-
fährst, siehst du, wie die Welt, die du zurücklässt,
immer kleiner wird. Du drehst dich um, schaust
zum Horizont und stellst dir vor, dass ein schöner
Ort mit neuen, interessanten Menschen auf dich
wartet.

Wiederhole diesen inneren Film so oft, bis dir das
Abschiednehmen immer leichter fällt und du dich
ohne Wehmut, Schuld- oder Angstgefühle auf alles Neue freuen kannst.

Hinter die Kulissen gucken

Verbünde dich mit deinem Unterbewusstsein und
frage dich mal ganz ehrlich: Was bringt es dir für
Vorteile, wenn du so beharrlich einseitig mit einer
Sache umgehst? Sichert es dir vielleicht dauerhaft das Mitgefühl der anderen? Hast du dadurch
ein Alibi, nichts Neues wagen und kein unbe-
kanntes Terrain betreten zu müssen? Kannst du
dich in der Opferrolle zurücklehnen und musst
nicht hinschauen, wo dein Anteil ist? Vermeidest
du dadurch vielleicht, nach den wahren Ursachen
zu suchen? Verschafft es dir Aufmerksamkeit und
Zuwendung, wenn du darüber sprichst? Hast du

91

vielleicht das Gefühl, dass dein Leiden eine besondere Leistung ist?

Da du diese Überlegungen ja ganz allein für dich anstellst und du die Resultate niemandem mitteilen musst, fällt es dir auch leichter, kompromisslos ehrlich zu sein. Halte dich danach nicht mit Scham oder Selbstvorwürfen auf, sondern suche nach Wegen, wie du dir diese Vorteile und die Erfüllung deiner Bedürfnisse auf andere, konstruktivere Weise verschaffen kannst.

Relativieren

Frag dich doch mal: Wie wichtig ist das Ganze wirklich? Setze das Thema, deinen Wunsch, deine Befürchtungen etc. einfach in Relation. Frage dich, wie wichtig es im Vergleich zu den Sorgen und Nöten, die andere Menschen zu bewältigen haben, ist. Beginne den Vergleich in deiner näheren Umgebung und dehne ihn dann global aus. Je weiter du diese Spanne ziehst, umso unbedeutender und harmloser wird dir deine Angelegenheit erscheinen.

Wenn du noch eins draufsetzen willst, hier eine radikale Fortsetzung: Frage dich ernsthaft, wie bedeutend diese Angelegenheit für dich wäre, wenn du erfahren würdest, dass du nur noch kurze Zeit zu leben hättest. Wenn du dann zu dem Schluss kommst, es würde dich immer noch belasten, dann suche nach aktiven Wegen, hier umgehend etwas zu ändern. Und vielleicht ist die nächste Methode dann der passende und eventuell einzig gangbare Weg für dich, um endgültig mit deinem Anliegen abzuschließen.

Delegieren

Du weißt nicht mehr weiter und hast doch das Gefühl, irgendetwas tun zu müssen? Dann entscheide dich einfach, von nun an einer höheren Instanz zu vertrauen, und delegiere dein Problem. Bitte das Universum, den lieben Gott oder einen Engel (woran immer du glaubst), sich dieser Angelegenheit anzunehmen. Bitte sie, sich zum höchsten Wohle aller Beteiligten darum zu kümmern. Wenn du wieder in die alten Sorgen verfällst, erinnere dich daran, dass du dieses Thema abgetreten hast, bedanke dich noch mal für die Übernahme der Verantwortung, bestärke dich in deinem Vertrauen, dass sich ein Lösungsweg fin-

> den wird und beschäftige dich nicht mehr damit. Und wenn auch nur die klitzekleinsten Zweifel, Ängste und Sabotagegedanken aufkommen, gib ihnen keine Möglichkeit, sich bei dir einzunisten. Nimm sie wertfrei zur Kenntnis und lasse sie dann gleich wieder ziehen. Bestärke dich immer wieder in deinem Entschluss, dich in deinem Vertrauen nicht erschüttern zu lassen. Dies kannst du unterstützen, indem du an Ereignisse aus der Vergangenheit denkst, bei denen du in brenzligen und scheinbar ausweglosen Situationen unerwartet Hilfe bekommen hast. Sei dir sicher, dass es eine höhere Instanz gibt, die auch diesmal zur Stelle sein und dich nicht alleine lassen wird.

Und hier noch ein paar Langzeit-Rezepte, die über die gedankliche Betrachtung hinaus etwas mehr Zeit und Einsatz erfordern, aber durch das ergänzende Handeln im Vergleich zum reinen Gedankenspiel gründlicher und nachhaltiger wirken. Der über eine lange Zeit hinweg wirksame Effekt einer Übung liegt zum einen in der stetigen Wiederholung und zum anderen in der Verknüpfung von Denken und Tun.

Langzeit-Rezept

Weg damit!

Einkaufsliste: Ein paar Haftnotizzettel, Gummiringe und Kieselsteinchen

Unsere Gedanken sind so flink, dass sie uns trotz aller guten Vorsätze häufig ein Schnippchen schlagen. Schaffe dir zur Unterstützung äußere Anker, die dich immer wieder daran erinnern, was du loslassen und stattdessen neu hereinlassen willst. Das können kleine Zettel mit passenden positiven Begriffen oder Affirmationen sein, die du gut sichtbar in der Wohnung oder am Arbeitsplatz positionierst. Und zusätzlich noch ein Päckchen Gummiringe, die du immer bei dir hast und mit denen du deutlich sichtbar die alten Gedanken wegschnellen lässt. Oder ein paar Kieselsteinchen, die du in der Hosentasche trägst und mit jedem Loslass-Wunsch so weit wie nur möglich wegwirfst.

Wenn dann so eine Packung Gummiringe immer länger hält und die Kieselsteinchen in der Hosentasche langsam lästig werden, wird klar erkennbar, dass du Fortschritte machst. Gib deiner Phantasie und Kreativität freien Lauf und finde die zu dir passenden Hilfsmittel, um dich immer wieder ans Loslassen zu erinnern.

95

Kosten-Nutzen-Rechnung

Bist du eher ein rationaler Mensch, dann versuche es doch mal mit einer Kosten-Nutzen-Rechnung. Frage dich: Was bekomme ich wirklich, wenn sich mein Wunsch erfüllen sollte bzw. wenn ich nicht loslasse und abschließe? Ist es meinen Aufwand an Geduld, Energie, Zeit oder Geld wert, hier weiter dranzubleiben? Was hätte ich eventuell für Vorteile, wenn ich mich nicht mehr so auf meine Wunschversion versteifen würde? Wo behindere ich mich durch das permanente Festhalten an meinen Vorstellungen? Welche Menschen und Ereignisse ziehe ich durch meine Denkweise an und welche Chancen verpasse ich dadurch vielleicht? Wofür könnte ich stattdessen meine Energie einsetzen, welche neuen Wege zur Erfüllung könnte es für mich noch geben?

Am besten machst du diese Rechnung in schriftlicher Form auf, um dir nach der Gegenüberstellung von Aufwand und Nutzen besser darüber klar werden zu können, wo du hin möchtest und was notwendig ist, um dein Ziel zu erreichen. Und auch dieses Ziel solltest du am besten schriftlich ausformulieren und für dich festhalten.

Abschiedsbrief
an die Vergangenheit

Oft stellen wir erst beträchtliche Zeit nach einem Ereignis fest, wie sehr uns etwas berührt hat und wie anhaltend uns die Gedanken daran beschäftigen. Die tieferen Gründe und wahren Zusammenhänge erkennen wir ebenfalls häufig erst sehr viel später. Sich über diese Dinge gedanklich klar zu werden, ist die eine Sache. Diese Erkenntnisse und Gefühle schriftlich zu fixieren, macht einiges noch deutlicher und unterstützt uns darin, Dinge zum Abschluss zu bringen und endgültig loszulassen.

Was du im wirklichen Leben vielleicht nie zu sagen wagen oder aus ganz praktischen Gründen nie äußern würdest, kannst du offen und unzensiert dem Papier anvertrauen. Du kannst jemandem gründlich die Meinung sagen, dein Herz ausschütten, Dank aussprechen, Dinge klarstellen, verzeihen etc. Beschreibe die Situation aus deiner persönlichen Sicht mit allem, was dir auf der Seele liegt.

Wenn wir unsere Gedanken aus dem Stift fließen lassen, schöpfen wir aus den tiefen Schichten unseres Unterbewusstseins und werden uns beim Lesen dieser Aufzeichnungen wieder ein Stückchen klarer über

97

uns selbst, unsere wahren Gefühle, Absichten und Wünsche. Wähle einen ungestörten Platz und Zeitpunkt für deine Aufzeichnungen, adressiere den Brief mit Namen, wenn möglich auch mit Anschrift, an die Person/en, die er betrifft. Manchmal ist es sinnvoll, ein Schreiben noch ein, zwei Tage liegen zu lassen, weil dir über Nacht vielleicht noch ein paar Aspekte einfallen werden oder du noch die eine oder andere Änderung, sozusagen den Feinschliff, vornehmen möchtest. Wenn du alles Wesentliche zu Papier gebracht hast, lies dir den Brief noch einmal laut vor – danach solltest du ihn vernichten. Am besten verbrenne ihn mit ein paar passenden Abschiedsworten und lasse die Asche im Freien vom Wind davontragen. So ein symbolischer Akt hat eine äußerst befreiende Wirkung – für alle Beteiligten!

• •

Haben Sie unter diesen zahlreichen individuellen Wegen zum Loslassen auch die für Sie richtige Methode gefunden? Haben Sie los-ge-lassen? Dann wünsche ich Ihnen jetzt die nötige Muße, um sich darin zu üben und Ihre frisch gewonnene Ge-lassen-heit ausgiebig zu genießen!

6

dankbarkeit

ein kulinarisches
highlight

In der westlichen Welt definiert sich der Wert eines Menschen vorwiegend über seine persönliche Leistung und den damit verbundenen Erfolg. Da geht es weniger um das Sein, sondern mehr um das Werden. Es ist im Grunde genommen verpönt, lediglich aufgrund der bloßen Existenz ein stabiles Selbstwertgefühl zu empfinden. Vielmehr wird erwartet, dass man sich seinen Wert erst zu erarbeiten und ihn fortlaufend unter Beweis zu stellen hat. So leben viele Menschen in der irrigen Annahme, dass sie zunächst einen von unserer Umwelt allgemein anerkannten Status erreichen müssen, um sich mit Fug und Recht wertvoll fühlen zu dürfen. Wenn dann selbst- oder fremdverursachte Umstände die Verwirklichung der angestrebten Ziele verhindern, fühlt man sich fast zwangsläufig als wertloser Versager. Dann bietet die Flucht in die Opferrolle ein willkommenes Schlupfloch, um nicht noch zusätzlich für diese Minderwertigkeitsgefühle verantwortlich zu sein. Da aber ein Opfer in seiner hilflosen und handlungsunfähigen Rolle gefangen ist, dreht sich die Situation nur noch im Kreis bzw. destruktiv nach unten.

Wo können wir in solchen Momenten konstruktiv ansetzen, um aus der Negativspirale herauszukommen? Wie ist es möglich, unsere Gefühle so zu verändern, dass erneut ein positiver Aufwärtstrend entsteht? Wie kann das Gefühl von Mangel und Unzufriedenheit durch Lebensfreude ersetzt werden, damit sich wieder Tatkraft und Zuversicht entfalten?

Es gibt ein einfaches, praktisches Hilfsmittel, das Ihnen überall und jederzeit zur Verfügung steht. Sie müssen dafür kein Geld ausgeben und auch keine besonderen Kurse belegen. Dieser praktische Alltagshelfer heißt Dankbarkeit. Und was das Beste daran ist – egal, wie unterschiedlich unsere Charaktere sind, wir alle können uns das aufrichtige Empfinden von Dankbarkeit Stück für Stück aneignen. Sie werden sich wundern, wie sehr Ihr Lebensgefühl dadurch bereichert wird! Und keine Angst, Sie müssen keinesfalls befürchten, dass Sie sich plötzlich abhängig und manipulierbar, naiv und weltfremd oder gar antriebslos und fatalistisch fühlen werden.

Grundsätzlich liegt es dem einen etwas mehr, dem anderen etwas weniger, Dankbarkeit zu empfinden. Aber ebenso grundsätzlich ist es auch nur eine Frage unserer Entscheidung, was wir als gut oder schlecht, als erträglich oder unerträglich, als Defizit oder als Fülle erleben, denn diese Empfindungen hängen einzig von unseren persönlichen Bewertungen ab. Nun mögen Sie einwenden: »Ich habe aber doch schon als Kind gelernt, wie ich was zu bewerten habe. Und meine Gefühle sind unmittelbar damit verknüpft, das kann ich doch nicht von heute auf morgen ändern.« Sie haben recht, von heute auf morgen geht es nicht. Aber so seltsam es klingt – Dankbarkeit kann man tatsächlich trainieren, denn sie ist eine Geisteshaltung und wird, bei regelmäßiger Praxis, zu einem charakteristischen Wesenszug.

Wir beeinflussen und lenken unseren Geist mit unseren Gedanken und Überzeugungen. Der Ursprung von Bewertungen liegt im Kopf, von dort ausgehend prägen sie im Laufe der Zeit durch sich wiederholende Erfahrungen unsere Gefühlswelt. Wenn Sie beispielsweise als Kind erlebt haben, dass Ihre Eltern es als Ungerechtigkeit und Benachteiligung empfanden, wenn man sich kein neues Auto oder kein eigenes Haus leisten kann, wird sich wohl kaum automatisch tiefe Dankbarkeit für Ihre heutige Mietwohnung einstellen. Das würde vielleicht erst passieren, wenn sich Ihre Situation sehr verschlechtert und Sie sich nicht einmal mehr die Wohnung zur Miete leisten können. Ähnlich geht es Menschen, die erst nach schwerer Krankheit den Wert der Gesundheit zu schätzen wissen. Aber mal ehrlich – es ist doch nicht wirklich anzustreben, erst durch Schicksalsschläge zu der Erkenntnis gezwungen zu werden, wie gut es einem eigentlich ging oder geht.

Wahre Dankbarkeit fühlt sich wunderbar an. Ihr Herz wird weit und leicht. Sie empfinden tiefe Freude, fühlen sich behütet, das Leben meint es gut mit Ihnen und in diesem Moment scheint einfach alles zu stimmen. Und Sie haben es in der Hand, diese erfüllten Augenblicke immer häufiger zu erleben!

Es gibt keinen allgemein objektiven und gültigen Maßstab, wie man sich in welcher Situation zu fühlen hat. Also können Sie praktisch ab sofort damit beginnen, Ihre Werteskala neu zu definieren. Dabei können

Sie sich mit Ihren ganz persönlichen Bewertungen gleichzeitig völlig unabhängig von der Zustimmung oder Missbilligung Ihrer Mitmenschen machen. Es ist Ihre Entscheidung, über was Sie sich freuen und wofür Sie sich bedanken möchten. Nichts spricht dagegen, sich auch für täglich wiederkehrende Ereignisse und vermeintliche Selbstverständlichkeiten zu bedanken. Denn vieles, was wir als selbstverständlich hinnehmen, kann schon morgen völlig anders aussehen. Hier ein Beispiel, das Sie bestimmt nachvollziehen können:

Jahrelang ist mein Auto morgens einwandfrei angesprungen. Wenn ich eingestiegen bin, habe ich mir nie die Frage gestellt, ob es mich heute im Stich lassen könnte. Ich bin einfach davon ausgegangen, dass ich den Schlüssel umdrehe und der Motor brummt. Aber eines Tages gab es plötzlich Probleme mit dem Anlasser, scheinbar ein Wackelkontakt, und erst nach mehreren Versuchen sprang das Auto an. Ich fuhr nicht sofort in die Werkstatt, da ich zu diesem Zeitpunkt kein Geld und keine Zeit für die Reparatur hatte. Aber seit jenem Tag bangte ich jeden Morgen: »Springt mein Auto an oder gibt es völlig den Geist auf?« Und wenn dann nach mehrmaligem Drehen des Zündschlüssels wieder das Motorengeräusch zu hören war, seufzte ich jedes Mal ein erleichtertes »Gott sei Dank«. Plötzlich gab mir so etwas Selbstverständliches wie das Anspringen eines Automotors ein Gefühl großer Erleichterung und Dankbarkeit.

Diesem Beispiel ließen sich noch zahlreiche andere hinzufügen – etwa die täglichen Mahlzeiten, eine gute Gesundheit, freundliche Kollegen, die warme Wohnung, angenehme Überraschungen wie ein netter Besuch oder Anruf und noch vieles mehr – Anlässe für Dankbarkeit gibt es überall, man muss sie nur als solche erkennen.

Notfall-Rezept

Dankbarkeit für jeden Tag

Probiere doch einfach mal, täglich eine kleine Dankbarkeitsübung durchzuführen. Gut geeignet ist die Zeit vor dem Einschlafen, wenn wir sowieso oft unseren Tag Revue passieren lassen. Registriere bewusst, wie du dich vor der Übung fühlst. Und statt, wie sonst vielleicht üblich, darüber nachzugrübeln, was wieder alles schiefgelaufen ist, halte dich jetzt mal strikt daran, alles von morgens bis abends unter dem Gesichtspunkt zu betrachten, wie viel Gutes du erlebt hast und worüber du dich freuen durftest. Lasse den Tag innerlich vor dir ablaufen – vom Aufstehen übers Frühstücken und Zähneputzen, den Weg zur Arbeit, in die Uni oder den Kindergarten, den normalen Alltagsverlauf mit den üblichen Erledigungen, die Heimfahrt, die Feierabendgestaltung bis zum Schlafengehen. Denke darüber nach, welche Menschen, Erlebnisse und Dinge dir Freude gemacht, dir das Leben erleichtert oder dich bereichert haben. Zähle all dies laut auf und sprich dafür jeweils ein Dankeschön aus.

Das Ergebnis dieser Übung ist ein Empfinden von Fülle in deinem Leben. Dein Herz wird mit positiven Empfindungen angefüllt und es bleibt kein Platz mehr für Mangelgefühle und Unzufriedenheit. Das bei unseren Großeltern noch übliche Tisch- und Nachtgebet hatte sicherlich eine ähnliche Wirkung – und es lohnt sich, dieses Ritual in deiner ganz persönlichen Form wieder aufleben zu lassen.

Sie können mit dieser kleinen Übung auch einen unmittelbaren Effekt erzielen, wenn Sie sich gerade in einem Stimmungstief befinden und daraus befreien möchten. Ich war mal in einer Situation, in der privater Kummer mein Herz schwer wie Blei machte. Am Abend wollte ich einen Vortrag zu einem Thema halten, das meinen Zuhörern eine positivere Sicht auf alte Verletzungen ermöglichen sollte. Doch meine Kehle war wie zugeschnürt und ich fragte mich, wie es mir gelingen sollte, mich aus meiner traurigen Stimmung zu befreien und Optimismus zu vermitteln.

Da ich auch über Dankbarkeit reden wollte, entschloss ich mich auszuprobieren, ob die kleine Übung auch in diesem Fall wirken und mein Herz etwas erleichtern würde. Ich lief also in meiner Wohnung unruhig im Kreis herum und fing dann an, mich für alle Gegenstände, die sich in meinem Blickfeld befanden, laut zu bedanken. Am Anfang geschah dies noch sehr mechanisch. Ich bedankte mich für meine Couch, für den Tisch, für die Zimmerpflanzen, die Stereoanlage, die Bilder an der Wand etc. Dann bedankte ich mich für die schönen Gegenstände, die ich geschenkt bekommen hatte und erinnerte mich dabei an die vielen Menschen, die mir mit diesen Geschenken eine Freude gemacht hatten. Nachdem ich so zehn Minuten lang zig Mal laut das Wort DANKE ausgesprochen hatte, wurde mir immer deutlicher bewusst, wie viele nützliche und schöne Dinge mich umgaben. Plötzlich hatte ich wieder viel mehr Energie und fühlte mich, als hätte mich jemand aus meinem Trübsinnigkeitssumpf herausgezogen und mir einen umfassenderen, klareren und liebevolleren Blick auf meine Lebensumstände ermöglicht. So konnte ich für den Rest des Abends meine persönlichen Belange zurückstellen, mich voll und ganz auf die Gäste konzentrieren, hilfreiche Gedanken vermitteln und gleichzeitig neue Kraft aus dem gelungenen Abend schöpfen.

Langzeit-Rezept

Die Dankeschön-Datei

Als wohlerzogene und höfliche Menschen bedanken wir uns in der Regel mehrmals am Tag. Wir sagen Danke, wenn uns jemand die Tür aufhält, uns ein Essen serviert, eine Auskunft gibt etc. Wenn wir unseren Dank zum Ausdruck bringen, zeigen wir nicht nur gutes Benehmen, sondern geben dabei auch immer ein Stückchen Wertschätzung weiter. Wir verdoppeln bzw. multiplizieren somit jedes Mal die positive Wirkung des Wörtchens »Danke«. Deshalb ist es auch für alle Beteiligten sehr bereichernd, die mehr oder weniger automatischen Höflichkeitsfloskeln noch häufiger zu verwenden. So kannst du dir zum Beispiel eine ganz persönliche Dankbarkeits-Datei, kurz »DD« anlegen. Mache dir dafür einfach auf einem Blatt Papier oder direkt am PC eine Liste. Die Liste kannst du aufteilen in:

- Persönliche DD: für deine Liebsten, gute Freunde und liebe Verwandte
- Alltags-DD: für die Verkäuferinnen, den Postboten, den Mann von der Müllabfuhr, die Blumenfrau, den Busfahrer, die Nachbarin etc.
- Geschäfts-DD: für Geschäftspartner, Arbeitgeber, Kollegen, Kommilitonen etc.

107

- Freizeit-DD: für Sportkameraden, Vereinskollegen, den Tanzpartner etc.

Picke dir aus diesen Dateien immer wieder mal eine heraus und bedanke dich bei den betreffenden Menschen ganz spontan für die Dinge, mit denen sie dein Leben bereichern – sei es durch ihre Dienstleistung, durch ihre besonders freundliche Art, durch große Fachkompetenz, durch Fairness etc. Mal passen ein paar ungezwungene Sätze, manchmal ist eine nette Karte oder ein Brief bestens geeignet, und zu bestimmten Anlässen empfiehlt sich vielleicht ein kleines Geschenk. Mache einfach nur das, was dir angemessen erscheint, ohne gezwungen und aufdringlich zu sein.

Ergänze deine Listen regelmäßig und du wirst dich wundern, wie umfangreich der Kreis von Menschen ist, die zu deinem Leben gehören und dich regelmäßig unterstützen. In Momenten, in denen du dich mal etwas einsam und vernachlässigt fühlst, wird dir allein das Betrachten der vielen Namen zeigen, wie reich dein Alltag objektiv gesehen eigentlich ist und wie viele zwischenmenschliche Beziehungen zu deinem Leben gehören. Dadurch wirst du ein angenehmes Gefühl von Geborgenheit empfinden.

• •

Noch eins draufgesetzt:
Die Naikan-Methode

Aus Japan kommt eine Methode, mit der die Tugend der Dankbarkeit geradezu perfektioniert wird. Naikan heißt dieser Weg zur Selbsterkenntnis, der eine meditative Innenschau mit psychologischen Aspekten verbindet. Die Wortbedeutung ergibt sich aus *Nai* (= Inneres) und *Kan* (= Beobachten), also eine stille und intensive Betrachtung der eigenen Lebensgeschichte. Man kann diese Betrachtung völlig für sich allein und so gut wie an jedem Ort praktizieren. Es gibt aber auch einwöchige Seminare, in denen die Teilnehmer in einer geschützten Atmosphäre und unter professioneller Betreuung ihre bisherige Lebensgeschichte betrachten können. Während sie in dieser Rückschau Ereignisse und Menschen ihres vergangenen Lebens Revue passieren lassen, agieren sie nur noch als Beobachter und nehmen die sonst übliche Sichtweise von Opfer und Täter völlig heraus. Dabei kommt dann das Thema Dankbarkeit mit ins Spiel, denn die Situationen werden vor allem unter drei Gesichtspunkten beleuchtet:

- Was hat die betreffende Person (Gutes) für mich getan? Was habe ich (Gutes) für die Person getan?
- Welche Schwierigkeiten habe ich dieser Person bereitet?

Auf die Frage, womit uns der andere Schwierigkeiten bereitet hat, wird bewusst verzichtet, da genau dieser sonst übliche Blickwinkel verändert werden soll. Auch soll das Augenmerk nicht explizit auf die großen, guten Taten, die wir für andere oder andere für uns getan haben, gerichtet werden. Daran denken wir in der Regel ja sowieso öfter. Im Naikan geht es vor allem um Dinge, die Tag für Tag als selbstverständlich hingenommen werden. Das fängt bei den Eltern an, die ja oft die größten Vorwürfe zu hören bekommen, weil sie dieses oder jenes falsch gemacht haben. Aber haben wir mal nachgerechnet, wie oft wir als Kinder unser Essen oder sauber gewaschene Kleidung bekamen, wie oft wir getröstet, bei den Schularbeiten unterstützt oder da- und dorthin gefahren wurden?

Diese Sichtweise lässt sich auch bei völlig fremden Menschen anwenden. Schnell regen wir uns auf, wenn uns jemand auf der Straße mit seinem Fahrstil behindert, aber wer hat sich im Gegenzug dazu schon mal Gedanken gemacht, wie viele Straßenarbeiter unter Schweiß und Mühe die Straßen gebaut haben, die wir alle so selbstverständlich benutzen? Und jeden Winter wird verlässlich der Schnee weggeräumt, ohne dass wir auch nur ein einziges Mal etwas Gutes für die Fahrer der Räumfahrzeuge getan hätten. Wer diese Liste eine Zeit lang konsequent führt, wird nicht übersehen können, dass wir um ein Vielfaches mehr bekommen, als wir jemals in der Lage sein werden zurückzugeben.

Diese Übung ist äußerst befreiend, setzt aber auch ein hohes Maß an Selbstverantwortung voraus und fühlt sich hin und wieder leicht beschämend bis sehr schmerzhaft an. Daher ist Naikan als Dankbarkeitsübung nicht unbedingt die geeignete Einstiegsmethode für Menschen, die gerade erst dabei sind, ihr Selbstwertgefühl zu festigen. Wenn man sich jedoch – ohne übertriebene Schuldgefühle zu entwickeln – daran gewöhnt, seine Lebensumstände aus dieser völlig neuen Perspektive zu betrachten, kann sich vieles positiv verändern. Durch das Übernehmen der eigenen Verantwortung lösen wir uns aus der Lethargie der Opferrolle, und unser Herz wird ganz weit, wenn wir feststellen, dass wir im Leben viel reicher beschenkt wurden, als wir es bisher je wahrgenommen hatten.

seelenbalsam

trostrezepte
bei liebeskummer

7

In einem Ratgeber für Keiner-liebt-mich-Tage kann das Thema Liebeskummer natürlich nicht ausgeklammert werden. Ich möchte Ihnen hier keine Tipps für eine gute Partnerschaft geben, denn da befinde ich mich selbst noch in der Übungsphase. Ich bin eher die Wie-schaffe-ich-es-dass-mich-mein-Liebeskummer-nicht-umbringt-Expertin und habe dieses Thema sozusagen studiert. Was ich Ihnen gerne weitergeben möchte, sind ein paar Rezepte zur Vermeidung der weit verbreiteten, wenig hilfreichen Verhaltensweisen bei Liebeskummer. Bei der nachfolgenden Liste stelle ich daher diese destruktiven Reaktionen den wesentlich positiveren, konstruktiven Varianten gegenüber:

Notfall-Rezept

Nieder mit dem Liebeskummer

🙁 1. Versuche in stundenlangen täglichen Grübeleien dahinterzukommen, warum die Partnerschaft gescheitert ist.

🙂 Wenn du über deine verflossene Beziehung nachdenkst, dann versuche so genau und objektiv wie nur möglich hinzuschauen. Rufe dir hinter dem Schleier der Wehmut nicht nur die schönen Seiten, sondern auch eventuelle Defizite in Erinnerung und mache dir ein Bild von der Gesamtqualität dieser Beziehung. Wenn du beim Alleinsein zu oft ins Grübeln verfällst, dann lenke dich mit allem, was dir Freude macht (Sport, Kino, Garten, Lesen, Basteln ...), so gut wie möglich davon ab, gehe unter Menschen, bei denen du dich wohlfühlst und halte dich viel in der freien Natur auf. Sonne, Wind, Gewässer, Bäume, Wiesen – all das wirkt wie heilender Balsam.

2. Zermartere dich bei deiner Rückschau mit Schuldgefühlen und gräme dich über nicht genutzte Chancen und misslungene »Wiederbelebungsversuche«. Auch wenn es vielleicht Situationen gibt, in denen du mal Fehler gemacht hast, dann sei gnädig mit dir. In einer Partnerschaft hat jeder seine Schwächen, und wenn eine Beziehung nicht hält, liegt das in der Regel niemals nur an einer Person. Ergreife die einzige reelle Möglichkeit, die du jetzt noch hast: Nutze den Erfahrungswert aus der nicht mehr zu ändernden Vergangenheit für die nächste Chance – und sie kommt immer, wenn du es nur wirklich willst und daran glaubst! Und nutze die Zwischenzeit dafür, dir Klarheit zu verschaffen, wer du bist, was du unbedingt für dein Wohlgefühl brauchst und was dir im Leben außer einer Partnerschaft noch wichtig ist. Betrachte dabei auch die Vorteile und Freiheiten, die dir dein unfreiwilliges Singledasein beschert.

3. Fahre so oft wie möglich an dem Haus der/des Verflossenen vorbei und suche voll Wehmut all die Plätze auf, an denen ihr eure glücklichen Zeiten verbracht habt.

:) Gewähre dir ruhig einen Ort im Herzen, wo du voller Dankbarkeit all die schönen Erinnerungen bewahrst und lass dort in größtmöglichem Frieden diesen Teil deines Lebens ruhen. Aber versiegele den Platz nicht, damit er nicht für andere unerreichbar bleibt. Quäle dich nicht selbst und konfrontiere dich nicht unnötig mit den Plätzen und Orten aus gemeinsamen Zeiten. Lass hier die Zeit heilsam wirken und neue Erfahrungen gedeihen, damit alte Erinnerungen ihren Stachel verlieren. Wähle möglichst neue Wege und Straßen – wer weiß, was dir dort alles begegnet!

:(4. Rufe dir immer wieder in Erinnerung, welche herausragenden Eigenschaften dein Partner hatte, wie klein und fehlerhaft du im Vergleich dazu bist und warum es daher ganz logisch ist, dass du ihr/ihm nicht gut genug warst.

:) Denke darüber nach, ob die Eigenschaften, die du an deinem Partner so geliebt und bewundert hast, vielleicht Persönlichkeitsanteile sind, die du in dir selbst noch mehr leben möchtest. Sei dir darüber klar, dass auch in dir alles bestens angelegt ist und nur darauf wartet, wachgerufen zu werden. Wenn du zum Beispiel seinen unabhängigen Geist und kompromisslosen Freiheitsdrang bewundert hast, dann überlege, wo du selbst vielleicht noch in zu vielen Abhängigkeiten lebst, zu sehr Rücksicht nimmst oder unbegründete Ängste hast. Wenn du ihre Kreativität und die Fähigkeit, eine heimelige Atmosphäre zu schaffen, vermisst, dann schau dich um und prüfe, wie du selbst deine Kreativität zum Ausdruck bringen und deinem Heim eine gemütlichere Note verleihen kannst. Vergiss auch nicht, wie viel du in die Beziehung eingebracht und mit welchen Persönlichkeitsanteilen du sie bereichert hast. Und dann denke ehrlich darüber nach, was du vielleicht trotz allem in der Partnerschaft entbehrt hast und wie viele andere, wunderbare Menschen es gibt, die dir vielleicht genau diese Dinge geben können und mit dir ausleben möchten. Versuche, deinen Blick für neue »Kandidaten« nicht so sehr durch dein »Exraster« beeinflussen zu lassen, sondern nimm ihr Potenzial in allen Facetten wahr.

5. Wenn die Entscheidung, die Partnerschaft zu beenden, nicht von dir ausgeht, dann versuche in jedem Fall, den Kontakt zu halten und biete gleich den Status einer Freundschaft an.

Oje, ein verständlicher Wunsch, aber in der Realität selten sofort umzusetzen. Denn ganz ehrlich, wer kann schon so übergangslos akzeptieren und loslassen? Es wäre nahezu übermenschlich, wenn du von heute auf morgen in der Lage wärst, alle Erwartungshaltungen aufzugeben und deinem ehemaligen Partner nur noch unter dem eingeschränkten

Anspruch eines Freundes zu begegnen. Du läufst Gefahr, in diesem Stadium in Abhängigkeit und eine ausgelieferte Position zu geraten, denn deine unterschwelligen Hoffnungen werden sich nicht so einfach abstellen lassen. Achte immer darauf, dass es dir gut dabei geht und nimm nur Einladungen an bzw. Kontakt auf, wenn du dich der Situation wirklich gewachsen fühlst und nach dieser Wiederbegegnung nicht leidest. Versuche, dem Leben zu vertrauen – wenn es, egal, ob nochmals als Partner oder »nur« als Freund, ein zweites Mal geben sollte, dann wird sich dies auch zum richtigen Zeitpunkt ergeben.

6. Stelle dir immer wieder vor, dass der oder die Ex sicherlich richtig froh ist, dich los zu sein, bestimmt niemals mehr sehnsuchtsvoll an dich denkt und seit der Trennung nur noch quietschvergnügt herumspringt.

Ein typischer Anfall von Masochismus und Selbstmitleid, den du ganz schnell hinter dir lassen solltest. Schließlich wart ihr mal verliebt und glücklich, und auch dein Partner wird diese Zeit nicht völlig aus dem Gedächtnis gelöscht haben. Verankere diese Einstellung als feststehende Tatsache, ohne sie dir ständig ins Gedächtnis zu rufen. Denn es nützt dir nichts und bringt den anderen auch nicht zurück, wenn du dir immer wieder vorstellst, wie sie oder er sehnsuchtsvoll an dich denkt und ebenfalls überlegt, ob der Schritt richtig war. Nähre also keine vagen Hoffnungen, lasse in Wertschätzung das unsichtbare Band zwischen euch los und mache den Landeplatz in deinem Herzen wieder frei für einen anderen Menschen.

7. Wenn du gerade in deiner Wutphase bist, versäume es nicht, böse E-Mails, Briefe oder SMS zu schreiben. Erzähle jedem, ob er es nun wissen will oder nicht, was für ein mieser Typ deine Verflossene/dein Verflossener ist.

Eigentlich stellst du dir doch nur selbst ein Armutszeugnis aus, wenn du kein gutes Haar mehr an deiner/deinem Ex lassen kannst. Denn warum warst du überhaupt mit ihr/ihm zusammen oder bist traurig, dass ihr nicht mehr zusammen seid, wenn sie/er anscheinend nur schlechte Seiten hatte? Wenn du verbales Salz in eure Wunden streust, tust du dir auch selbst weh. Dagegen sind Schweigen und etwas Distanzierung manchmal wohltuender Balsam. So gestattest du dir einen gesunden Abstand, der es ermöglicht, dass die gegenseitigen Verletzungen heilen, vergeben und vergessen werden können.

8. Besuche Veranstaltungen oder Örtlichkeiten, bei denen du sicher sein kannst, dass sie oder er (am besten noch mit deinem Nachfolger/deiner Nachfol-

119

gerin) anwesend ist. Wenn du dann deine bemüht gelassenen Smalltalk-Versuche einigermaßen überstanden hast, tritt seelisch entkräftet den Heimweg an und sinniere zu Hause darüber nach, was der/die Neue hat, was du nicht hast.

🙂 Du musst wirklich nicht so tapfer sein und schon nach kurzer Zeit testen, wie du damit umgehen kannst, ihr/ihm zufällig in der Öffentlichkeit zu begegnen. Wenn du dann noch riskierst, deinen Nachfolger/deine Nachfolgerin zu treffen, gibst du deinen Grübeleien und Selbstzweifeln unnötig Nahrung. Dann gestatte dir lieber die kleine Träumerei, wie gut und friedlich es sich anfühlen wird, wenn du, wieder glücklich verliebt und im Reinen mit der Vergangenheit, deine verflossene Liebe unerwartet wiedersiehst.

☹ 9. Mache deine gescheiterte Liebesbeziehung zum abendfüllenden Gesprächsthema mit Freunden und Bekannten und nutze jede Gelegenheit, dich über die Ungerechtigkeit, die dir widerfahren ist, zu beklagen.

🙂 Eine Zeit lang ist es normal und für Freunde auch erträglich, wenn man sich bei ihnen Trost und Verständnis holt. Wirklich gute Freunde teilen dir aber auch ehrlich mit, wenn sie meinen, das Thema hätte sich erschöpft und wenn sie nicht mehr gewillt sind, dich stets im gleichen Sumpf sitzen zu sehen. Verordne dir also einen Themenwechsel. Stoppe dich selbst, sobald du wieder deine unglückliche Geschichte im Kopf oder auf den Lippen hast. Richte deinen Fokus stattdessen auf positive Erlebnisse im Hier und Jetzt – du wirst überrascht sein, wie gut du dich dabei fühlst.

10. Sei dir darüber klar, dass es dir nie wieder möglich sein wird, einen anderen Menschen so hingebungsvoll zu lieben und es niemanden mehr geben wird, der dich ähnlich begeistert.

Bitte rede dir das nicht ein. Denn auf diese Weise baust du ein riesengroßes Taj Mahal mit der Erinnerung an eine nicht zu übertreffende Liebe, die jede neue Begegnung trüben und alle NachfolgerInnen früher oder später frustriert aufgeben lassen wird. Hand aufs Herz – das würde dir selbst doch auch nicht gefallen! Ziehe keine unangemessenen Vergleiche, sondern öffne deinen Blick und dein Herz für die vielen neuen Chancen, die sich jedem bieten, der bereit dafür ist. Und ganz ehrlich – unter den Milliarden von Menschen auf unserer Erde wird es doch sicher noch mehr als nur diesen einen Partner für dich geben!

11. Nimm dir vor, nie wieder jemandem zu vertrauen und dich nie wieder fallen zu lassen, da es unumgänglich ist, dass du dann wieder enttäuscht und verletzt werden wirst.

☺ Es ist verständlich, wenn du dich schützen und neue Verletzungen verhindern möchtest. Aber das Risiko von Enttäuschung und Schmerz gehört zum Spiel, bedeutet jedoch nicht zwangsläufig, dass sich deine Erfahrungen immer und immer wiederholen müssen. Traue dich, nach einer angemessenen Zeit der Reflexion und grauen Theorie wieder aufzumachen. Heilen und weiterlernen lässt es sich am besten miteinander, alles andere ist Trockentraining.

☹ 12. Stürze dich in ein wahlloses Liebesabenteuer nach dem anderen und nimm dir fest vor, ab jetzt den Spieß umzudrehen, dich niemals wieder wirklich zu verlieben und die oder den anderen nur noch zu benutzen.

☺ Die Vorstellung, die Zügel nie mehr aus der Hand zu geben und immer die Kontrolle zu behalten, hat sicher ihren Reiz. Aber weder können noch sollen wir alles und jeden kontrollieren. Grundsätzlich ist es gesund und sinnvoll, nicht gleich in jeder Begegnung die Partnerschaft fürs Leben zu wittern und sich mit etwas weniger Erwartungen und mehr Leichtigkeit einfach darauf einzulassen, was kommt. Trotzdem ist es wichtig, nicht zu vergessen, dass jede nahe Begegnung mit einem anderen Menschen etwas sehr Kostbares ist. Und aus dieser Wertschätzung heraus kann dann auch wieder das Wunder einer neuen tiefen Liebe und Verbundenheit entstehen.

Diese Liste ließe sich bestimmt noch beliebig verlängern. Wir sind nicht immer frei davon, uns offenen Auges selbst zu quälen und ich glaube, so gut wie jeder hat sich schon mal bei der einen oder anderen der genannten Verhaltensweisen ertappt. Bei manchen schütteln Sie vielleicht den Kopf und denken sich: »Wie kann man nur, das würde ich nie tun.« Und bei anderen zucken Sie vielleicht nur mit den Achseln: »Na ja, ist doch ganz in Ordnung, was soll denn daran so schädlich sein? Schließlich bin ich auch nur ein Mensch und kann nicht alles wegstecken.« Damit wir uns richtig verstehen, ich rede hier nicht von dem einen oder anderen Ausrutscher, den wir uns mal genehmigen. Ich rede von einer Anhäufung dieser Beispiele, von einem Verhalten, das sich wochen-, monate- oder sogar jahrelang fortsetzen kann oder sich bei jeder Trennung wiederholt.

Manchmal leiden wir nach Trennungen besonders lange und intensiv, weil wir uns gewissermaßen dazu verpflichtet fühlen. In vielen Köpfen spukt eine geradezu kranke Vorstellung von der wahren, großen Liebe herum – einer Liebe, die mit Leiden und Entsagen einhergeht. Wenn nicht eine gehörige Portion Dramatik dabei ist, kann sie schließlich nicht wirklich groß und unvergesslich sein – Hollywood lässt grüßen. So glauben wir vielleicht, die Intensität und Länge unserer Trauer ist der eindeutige Beweis für die Tiefe und Wahrhaftigkeit unserer Gefühle. Da nun aber unsere Gefühle, positiv wie negativ, die Gewohnheit haben, mit der Zeit zu verblassen, aktivieren wir unsere Erinnerungen und die Trauer mit vielerlei Methoden stets aufs Neue – in der Hoffnung, diese Liebe so niemals zu vergessen. Und wenn wir nichts vergessen, so der Gedanke dahinter, bleiben wir auch für den anderen unvergesslich. O weh – ein weit verbreiteter Irrtum, der uns, realistisch betrachtet, außer zusätzlichem Herzschmerz nichts bringt. So lange jedoch unser Selbstwert von der Beachtung im Außen abhängig ist, erhöht die Vorstellung, für immer in Herz und Seele des anderen eingebrannt zu sein, unseren Stellenwert enorm.

Wie hoch der Preis ist, der für diese kontraproduktiven Vorstellungen gezahlt werden muss, wird oft erst erkannt, wenn viel Energie vergeudet, kostbare Lebenszeit verronnen, einmalige Gelegenheiten verpasst und vielleicht sogar die Gesundheit angegriffen ist. Wer die Anzeichen jedoch rechtzeitig erkennt, dem wird es, vielleicht auch mit Anwendung der vorherigen Notfall-Rezepte, gut gelingen, sich wieder aus der Trauer herauszuholen.

Konstruktiver Blick hinter die Kulissen

Um noch mal den Vergleich mit Hollywood aufzugreifen: Sie selbst bestimmen die Grenze, wie lange Sie sich mit Ihrem Kummer befassen und auseinandersetzen möchten. Am Anfang ist es verständlich, wenn Sie Ihre

Erfahrungen engen Freunden, sozusagen als Sondervorführung für ein begrenztes Publikum, präsentieren. »Filmvorführungen« bei flüchtigen Bekannten, Nachbarn oder gar Fremden sind wenig sinnvoll, denn Sie aktivieren dabei jedes Mal Ihre negativen Gefühle und erhalten einen Art Opferstatus aufrecht. Legen Sie also nach einem Ihnen passend erscheinenden Zeitpunkt die Filmrolle in Ihr Privatarchiv und erinnern Sie sich nur noch ab und zu beim Saubermachen und Abstauben an seine Existenz. Für Ihre Besucher halten Sie jetzt immer schöne Abenteuer- oder Naturfilme bereit. Und vielleicht haben Sie ja auch Lust, einen eigenen Fortsetzungsfilm zu drehen, bei dem das Opfer der ersten Episode zum Helden oder zur Heldin wird.

Das heißt in die Realität übertragen: Sie beobachten Ihre Gedankengänge und stoppen sich selbst, wenn Sie wieder Ihre Leidensgeschichte im Kopf oder auf den Lippen haben. Wussten Sie eigentlich, dass unser Gehirn nicht unterscheiden kann, ob sich eine Situation real ereignet oder ob wir nur eine vergangene Situation gedanklich wiederholen? Wir fügen uns also jedes Mal neue Schmerzen zu, wenn wir vor dem inneren Auge die einst erlittenen Verletzungen Revue passieren lassen. Ist das nicht eine grässliche Vorstellung?

Wer also kein Masochist sein möchte, erinnert sich lieber an angenehme oder neutrale Erlebnisse und spricht als Ersatz über positive Dinge des Alltags. Im Zuge der Weiterentwicklung holen wir die alten Erfahrungen dann nur noch heraus, um sie ohne Groll in einem neuen Licht zu betrachten. Wenn wir jetzt von unseren Erlebnissen erzählen, schildern wir sie unter dem Aspekt der wertvollen Erfahrungen, die uns hilfreiche Erkenntnisse und Fortschritte ermöglicht haben. Diese Vorgehensweise funktioniert natürlich nicht nur in Liebesdingen. Sie lässt sich bei allen schmerzlichen Erfahrungen aus der Vergangenheit anwenden – getreu dem Motto: »Es ist nie zu spät für eine glückliche Kindheit.«

Wenn uns jemand schlecht behandelt hat, sind wir schnell bereit, uns als arme, ausgelieferte Opfer und den anderen als den Schurken zu sehen. Wie wäre es denn damit, das Ganze mal aus einer anderen Perspektive zu betrachten und sich vorzustellen, unser Gegenüber trägt die Maske des Bösewichts nur zum Schein? Dabei geht es hinter den Kulissen – völlig ohne böse Absicht und mit dem unbewussten Einverständnis aller Beteiligten – vielleicht nur darum, uns Erfahrungen zu bescheren, die wichtig sind und uns auf dem Weg zu uns selbst wieder ein Stückchen voranbringen. Zugegeben, wenn man mittendrin steckt in dem ganzen Herzschmerz und der Enttäuschung, ist es nicht leicht, dieser Misere auch noch irgendetwas Gutes abzugewinnen. Aber Sie haben bestimmt selbst schon öfters erlebt, dass Ihnen nach vielen Jahren plötzlich der eigentliche Wert Ihrer im ersten Moment so schmerzhaften Erlebnisse klar wurde.

Ich bin mittlerweile zu der tiefen Überzeugung gelangt, dass wirklich alles, was uns widerfährt, seinen

Sinn für uns hat. Und da mir daran gelegen ist, kostbare Lebenszeit nicht mit Trauern und Hadern zu vergeuden, wende ich diese Sichtweise auch konsequent in allen Lebenslagen an. Das ist freilich nicht immer bequem und angenehm, weil es gleichzeitig bedeutet, sich selbst gegenüber absolut ehrlich zu sein und auch das eigene Verhalten vorbehaltlos zu hinterfragen. Aber was spricht dagegen? Sie können von Ihren Erkenntnissen nur profitieren. Sie üben sich in einer liebevolleren, übergeordneten Weltsicht, erlangen zunehmend Vertrauen in die Abläufe Ihres Lebens, verzeihen schneller, lassen vergangene Verletzungen oder unrealistische Wünsche leichter los und gewinnen so enorm an Lebensfreude. Und weil das mit dem Loslassen und Verzeihen gerade in Paarbeziehungen nach Streitigkeiten oder Trennungen besonders schwerfällt, habe ich hierfür ein wirkungsvolles Langzeit-Rezept kreiert:

Langzeit-Rezept

Zwei Waagschalen

Einkaufsliste: Besorge dir einen Stapel kleiner Notizzettel und zwei weiße Pappteller. Den einen Teller bemalst du am Rand mit einem dicken schwarzen Filzstift, bis er einen richtigen Trauerrand hat. Jetzt hast du eine Kummerschale. In die Mitte schreibst du den

Satz: »Hiermit hast du mir viel Kummer und Sorgen bereitet.« Den anderen Teller verzierst du am Rand mit roten Herzchen. In die Mitte kommt der Satz: »Hiermit hast du mein Leben bereichert. Dafür danke ich dir.« Jetzt hast du auch eine Dankschale.

Wenn du mit der Übung beginnst, mache es dir gemütlich, vielleicht mit etwas Entspannungsmusik im Hintergrund, nimm dir genügend Zeit (mindestens eine Stunde) und achte darauf, dass du ungestört bist. Dann denke über deine jetzige Partnerschaft oder die vergangene Beziehung, die dich noch schmerzhaft beschäftigt, nach. Vergangene Erlebnisse, die dir Kummer bereitet haben, oder Eigenschaften deines Partners, mit denen du nicht klarkommst, vermerke in ein paar kurzen Worten auf der Vorderseite eines Notizzettels. Nimm für jeden Punkt einen neuen Zettel. Diese Bemerkungen können beispielsweise folgendermaßen aussehen: »Ich komme nicht damit zurecht, dass du mich immer so bevormundest« oder »Du hast mir durch die Trennung den täglichen Umgang mit meinen Kindern genommen« oder »Ich habe mich von dir bei so vielen Arbeiten allein gelassen gefühlt« usw. Alle diese Zettelchen kommen in die Kummerschale.

Dann überlege dir, ob dir bei allem Kummer auch spontan schöne Dinge einfallen, die du an deinem Partner magst oder die du durch deinen jetzigen oder früheren Partner erleben durftest. Die positiven Zettelchen kommen in die Dankschale.

Dann zähle kurz durch, wie das Verhältnis von Kummer zu Dank ist. Aber keine Bange, wenn die Kummerschale wesentlich schwerer zu wiegen scheint – für den Ausgleich wird noch gesorgt. Denn jetzt nimm bitte noch mal die Zettelchen aus deiner Kummerschale eins nach dem anderen in die Hand. Und dann überlege in aller Ruhe, wie du die schmerzhaften Erfahrungen oder störenden Eigenschaften auch aus der Spiegelperspektive betrachten kannst, das heißt, was du aus den unangenehmen Situationen gelernt hast bzw. welche unerwartet positive Seiten diese Erfahrungen bewirkt haben.

So könnte etwa der Satz »Du hast mir durch die Trennung den täglichen Umgang mit meinen Kindern genommen« durch die Erkenntnis ergänzt werden: »Aber dadurch habe ich gelernt, die Zeit mit ihnen wesentlich intensiver zu gestalten und zu genießen«. Oder der Satz »Ich komme nicht damit zurecht, dass du mich immer so bevormundest« wird ergänzt durch »Aber durch dein Verhalten erinnerst du mich daran, wie wichtig es ist, besser für mich einzustehen und gesunde Grenzen zu ziehen«. Und der Satz »Ich habe mich von dir bei so vielen Arbeiten allein gelassen gefühlt« könnte zu der Erkenntnis werden »Aber ich hätte sonst nie erfahren, dass ich so viele handwerkliche Talente habe«. Wenn du dann die Ergänzungen auf der Rückseite der jeweiligen Kummerzettel notiert hast, wandern diese gleich in die Dankschale weiter. Findest du mal keinen positiven Aspekt, lass den Zet-

tel vorerst in der Kummerschale liegen. Vergleiche
dann noch einmal das Verhältnis von Kummer- und
Dank-Zettelchen. Ich bin sicher, jetzt hat sich einiges
verändert. Schaue dir die Kummer-Zettel, die auf der
Rückseite noch unbeschriftet sind, auch später immer wieder mal an. Vielleicht entdeckst du plötzlich
doch noch ein positives Resultat, das du bisher völlig
übersehen hast.

• •

Nach und nach wird diese Übung (die Sie übrigens mit
allen Menschen und Situationen Ihres Lebens durchführen können) dazu beitragen, Sie mit Ihrer Vergangenheit
auszusöhnen und eine tolerantere und liebevollere
Sichtweise in Ihre Partnerschaft einzubringen. Außerdem werden Sie künftig bei der Einschätzung und Beur-
teilung neuer Erfahrungen oder anderer Personen automatisch beide Seiten betrachten und sich immer weniger
in negativen Bewertungen verlieren.

gut gewürzt

mit humor
schmeckt
alles besser

Nun kennen Sie schon viele, bisher vielleicht noch ungenutzte Möglichkeiten, um sich aus der niederdrückenden Stimmung eines Keiner-liebt-mich-Tages herauszuziehen. Die beste Voraussetzung, damit die Methoden Wirkung zeigen, besteht darin, zuerst einmal den Ausgangszustand zu akzeptieren. Egal, wie sehr Sie sich noch am Anfang Ihrer persönlichen Lebensreise sehen, nehmen Sie sich bereits jetzt und jederzeit als wunderbaren und einzigartigen Menschen an. Akzeptieren Sie Ihre Lebensumstände als die derzeit aus irgendeinem, Ihnen noch unbekannten Grund, am besten für Sie geeigneten.

Das liegt schwer im Magen: Bewerten und Vergleichen

Ein unseliger Hang zum Bewerten und Vergleichen hält uns oft davon ab, unser Geschick anzunehmen und aus einer neutralen Perspektive zu betrachten. Da scheint es Menschen zu geben, bei denen beruflich, finanziell und privat alles bestens läuft. Und zu allem Überfluss sehen sie dann auch noch blendend aus. Im Vergleich dazu empfindet man sich schnell als mickrigen, unbeliebten Versager. Aber es ist unsere eigene Entscheidung, die Messlatte immer nur da anzusetzen, wo gar nicht unser Maßstab ist.

Ein Weg, um ganz schnell aus dieser Frustration und Resignation herauszukommen, besteht darin, sich augenblicklich darauf zu konzentrieren, wie es einem im Verhältnis zu vielen anderen Menschen auf unserer Erde geht, deren einziges Bestreben das pure Überleben ist. Im Gegensatz dazu haben wir den Freiraum und die Möglichkeiten, uns mit unserer Weiterentwicklung zu befassen. Und da sich viele andere Menschen ebenfalls mit ihrer Persönlichkeitsentwicklung beschäftigen, wird es immer so sein, dass der eine oder andere auf seiner persönlichen Reise schon ein Stückchen weiter ist – aus welchen Gründen auch immer. Vielleicht hatten sie einfach bessere Startbedingungen, vielleicht hatten sie von Anfang an ein sehr förderliches Umfeld. Dafür haben sie dann vielleicht ganz andere Probleme, von denen wir nichts wissen und mit denen wir uns nicht herumschlagen möchten. Manche Menschen kaschieren ihre Defizite vielleicht nur besser oder verstehen es hervorragend, ihre Schwächen durch das Betonen ihrer Vorzüge und Stärken in den Hintergrund treten zu lassen. Viele Menschen haben auch extrem hart für ihren Erfolg gearbeitet und dafür vielleicht einen Preis bezahlt, den wir niemals entrichten wollten.

Es wird so vieles leichter, wenn wir uns nicht mehr so vehement gegen unsere ureigenen Lebensthemen wehren. Wir haben diese Karte nun mal gezogen, ob wir das nun wahrhaben wollen oder nicht. Jeder von uns hat seine individuelle Baustelle: Der eine kommt beruflich nicht in die Gänge, der andere plagt sich immer wieder mit gesundheitlichen Themen herum, viele haben finanziell ein weniger gutes Blatt gezogen und besonders viele Karten scheinen im Beziehungsspiel vergeben worden zu sein. Aber da, wo es immer zwackt und zwickt, liegen unsere größten Aufgaben – denn hier verstecken sich auch unsere größten Stärken. Wenn es uns gelingt, unsere neuralgischen Punkte zu knacken, sie endgültig abzuhaken und zu drehen, haben wir sie zu unserem eigenen, aber auch zum Wohle unserer Mitmenschen gemeistert.

Und als Meister unseres ganz persönlichen Lebensthemas sind wir dann eines Tages in der Lage, anderen Menschen genau in diesen Bereichen weiterzuhelfen. So betrachtet, sind unsere Probleme ein wichtiger Teil unserer Lebensaufgabe. Also hören wir doch einfach auf, wie wild dagegen anzukämpfen, sondern nehmen sie als Herausforderung an, um unser einzigartiges Potenzial heranreifen und sich entfalten zu lassen.

Eines der besten Hilfsmittel, um besser mit den Herausforderungen des Lebens zurechtzukommen, ist der Humor. Darum muss ein Ratgeber für bzw. gegen Keiner-liebt-mich-Tage natürlich auch ein paar Rezepte enthalten, die Sie bei der Zubereitung automatisch zum Lächeln bringen:

Notfall-**R**ezept

Don't worry, be happy

Wenn du in eine Situation gerätst, in der alles hoffnungslos festgefahren erscheint, kann es sehr hilfreich sein, kurz einen Schritt zurückzutreten. Versuche doch mal, wie ein Filmregisseur deine
Situation von einem völlig neutralen und allen Beteiligten gerecht werdenden Standpunkt zu betrachten. Suche für jeden deiner Mitspieler und
natürlich auch für dich selbst eine passende Rolle.
Das Spektrum reicht von der hoffnungslos roman-
tischen Tagträumerin über den smarten Karriere-
typ bis zum bösen Fiesling.

Lasse vor deinem inneren Auge die Erlebnisse, die
dich gerade belasten, nochmals ablaufen und über-
zeichne sie dabei so stark wie nur möglich. Du
kannst sie auch als spannende Daily-Soap deinem
Hund oder deiner Katze erzählen. Sie sind bestimmt
geduldige Zuhörer. Oder du besprichst ein Diktier-
gerät – beim dramatischen Vortragen deiner Geschichten wird dir immer klarer, wie nah Weinen
und Lachen beieinander liegen. Aber ganz egal, wie
du es machst – zwischendurch etwas Abstand und
die Bereitschaft, unser Leben öfters von der humor-
vollen Seite zu betrachten, kann wahre Wunder wirken. Ein herzliches Lachen, gepaart mit nachsich-
tigem Humor kann nie verkehrt sein, und ein guter
Schuss Selbstironie kann vieles erleichtern.

Wie ja schon mehrmals erwähnt – alle Rezepte bzw. Übungen entwickeln umso mehr Kraft und Langzeitwirkung, je häufiger und andauernder wir sie durchführen. Und wenn die Vorstellungskraft unserer Gedanken dann noch durch gesprochene und geschriebene Worte sowie begleitende Handlungen intensiviert wird, gehen die neuen, positiven Verhaltensweisen nach einer gewissen Zeit in »Fleisch und Blut« über und verdrängen endgültig die alten, destruktiven Muster und Glaubenssätze.

So stellt auch das nächste Rezept eine verstärkende Langzeit-Variante des bereits beschriebenen Notfall-Rezepts »Don't worry, be happy« dar.

Langzeit-Rezept

Comedy-Tagebuch

Einkaufsliste: Ein großes Notizbuch mit einem möglichst lustigen Einband

Schreibst du gerne? Dann führst du vielleicht auch Tagebuch, ob regelmäßig oder phasenweise. Lege dir für dieses Rezept jedenfalls ein nagelneues Notizbuch zu, am besten eines mit einem lustigen Einband. Dieses Notizbuch nimmst du als Tagebuch und füllst es in dem Stil, in dem man mit viel Sinn für Humor und Situationskomik von einem lange zurückliegenden Missgeschick erzählt. Wenn du also an einem Tag viel Ärger im Büro durch einen verpatzten Auftrag und unfreundliche Kollegen hattest, dann halte diese Ereignisse und deine Gefühle authentisch, aber mit einem gewissen Abstand und freundlicher Ironie, fest – so als ob du für eine lustige Comedy-Serie schreibst: »Habe heute den Meier-Müller-Auftrag vergeigt. Wenn's so weitergeht, werde ich wohl bald auf der Straße sitzen. Ob ich meine Topfpflanze vom Büroschreibtisch noch mitnehmen darf? O nein, ich werde sie meinem ›Lieblingskollegen‹ schenken und behaupten, es wäre eine fleischfressende Pflanze, die bevorzugt mobbende Mitarbeiter vertilgt. Und mein Zeugnis werde ich auf jeden Fall selber schreiben und mich darin hemmungslos loben. Wäre aber doch ganz froh, wenn's gar nicht so weit kommt, wäre sogar mega-megafroh. Aber jetzt schlafe ich erst mal drüber, vielleicht bekomme ich ja über Nacht im Traum eine rettende Eingebung. Gute Nacht, Tagebuch!« Bleibe bei deinen wirklich empfundenen Gefühlen, ohne dich dabei klein und lächerlich zu machen. Es geht nur darum, humorvoll zu relativieren und zu erkennen, wie oft wir uns völlig überflüssig innerlich fertig machen und den Dingen zu viel Bedeutung beimessen. Wenn du gut zeichnen kannst, ergänze deine Aufzeichnungen mit lustigen Skizzen oder Cartoons oder schneide dir passende Bilder aus. Blätterst du dann mal im Tagebuch zurück, wirst du zugeben müssen, dass das Leben doch oft mehr einer Komödie als einer Tragödie gleicht. Und im Moment eines neuerlichen Tiefpunkts wirst du feststellen, dass alles nur halb so schlimm ist – es kommt nur darauf an, von welcher Warte du es betrachtest.

Notfall-Rezept

Das innere Lächeln

Ein schneller Weg, um wieder in seine Mitte und zurück zur guten Laune zu finden, ist das innere Lächeln. Dazu stellst du dich bequem mit leicht geöffneten Beinen hin und verbindest dich über deinen Rumpf und die Füße gedanklich mit der Erde. Über den Scheitel stellst du die Verbindung zum Himmel her. Dann richtest du die Aufmerksamkeit auf deine Körpermitte, etwas unterhalb des Bauchnabels. Lasse jetzt einfach ein inneres Bild in dir entstehen, wie sich in dieser Mitte ein großes Lächeln entfaltet.

Spüre in dich hinein und finde dafür dein eigenes Bild, etwas, das dich fröhlich macht – etwa eine große gelbe Blume, die sich Blütenblatt für Blütenblatt öffnet, oder ein geöffnetes Kästchen, aus dem winzige Sternchen oder wunderschöne Schmetterlinge herausflattern.

Mit jedem Blütenblatt, mit jedem Sternchen oder Schmetterling strahlt dann dein inneres Lächeln wie ein warmes, liebevolles Licht von deiner Körpermitte überall hin aus – vom Bauch über die Oberschenkel, Knie und Waden bis zu den Zehenspitzen, über den Rumpf in den ganzen Rücken, in alle Organe, über die Arme bis zu den Händen. Wenn du dir immer intensiver vorstellst, wie die lächelnden Strahlen durch deinen Körper spazieren und jede Zelle wachkitzeln, bis du völlig mit Licht und Lächeln angefüllt bist, wirst du dich dabei ertappen, dass du über beide Ohren grinst und dich leicht, erfrischt und überraschend gut gelaunt fühlst.

Mehr Humor, Liebe und Wertschätzung für uns selbst werden uns nicht grundsätzlich vor Ängsten und Sorgen bewahren. Wir werden trotzdem ab und zu einen besorgten Blick auf unsere Falten werfen und uns fragen, wie wir das Älterwerden meistern. Arbeitslosigkeit, Umweltprobleme und Krankheiten lassen wohl niemanden ungerührt und auch bei einem stabilen Selbstwert schmerzen finanzielle und persönliche Verluste. Aber mit mehr Akzeptanz für uns selbst und unsere kleinen

Schwächen, mit einer besseren Fähigkeit, zu erkennen, welche Dinge wir verändern können und welche sich nun mal nicht ändern lassen, wird vieles einfacher. Und eine humorvolle Sicht auf die manchmal sonderbaren Fügungen des Lebens, ein konsequenter Blick auf das »halbvolle Glas« sowie eine anhaltende Begeisterung für die Schönheiten und Geschenke unserer Welt werden uns in jedem Fall einen stabilen Selbstwert, mehr Lebensfreude und Glücksgefühle bescheren.

mein dank

Zuallererst möchte ich mich bei Ihnen dafür bedanken, dass Sie mir Ihre Zeit und Ihr Vertrauen geschenkt und dieses Buch gelesen haben. Wenn Sie darin auch nur eine einzige wirksame Anregung entdeckt haben, die Ihnen mehr Lebensfreude schenkt, hat das Buch schon seinen Zweck erfüllt. Wenn es mehrere Rezepte gibt, mit denen ich Sie unterstützen durfte, dann empfehlen Sie es doch einfach weiter. Auch dafür meinen herzlichen Dank an Sie.

Jahrzehnte sind vergangen, bis sich mein Kindheitstraum, ein eigenes Buch zu veröffentlichen, endlich erfüllt hat. Bis zu diesem Erstlingswerk war es ein langer Weg. Aber egal, wie häufig mich meine Lebensumstände bzw. meine Reaktionen darauf mal wieder ganz tief nach unten katapultiert hatten: Immer blieb der Glaube, dass alles seine Richtigkeit hat und ich eines Tages schon noch kapieren würde, warum ausgerechnet mir das alles passiert. Die Freude, dieses Buch zu schreiben und darin viele meiner Erfahrungen und Erkenntnisse weitergeben zu dürfen, ist eine der Antworten darauf. Daher möchte ich jedem Menschen – egal, ob er mich sehr gut kannte oder nur ganz flüchtig meinen Weg kreuzte, und auch unabhängig davon, ob ich positive oder negative Erinnerungen daran habe – von Herzen danken. Da ich jetzt ohne Scheu in die Spiegel schaue, die mir meine Mitmenschen freundlicherweise vor Augen halten, erkenne ich im Rückblick manche Zusammenhänge und weiß, dass ich immer nur die Reflexion meines eigenen Verhaltens, meiner Gefühle und Weltanschauungen präsentiert bekommen habe.

Es gibt natürlich einige Menschen, die mir besonders nahestehen, die mir sehr viel gegeben haben und denen ich an dieser Stelle ganz besonders danken möchte:

Danke an meine Eltern,
ihr habt an meinem Leben viel Anteil genommen, und auch wenn ihr meine Gedanken nicht immer teilen konntet, hatte ich stets das Gefühl, dass ihr für mich da seid.

Danke, Simon,
du bist der beste Sohn, der mir hätte passieren können, und das größte Geschenk, das ich je erhalten habe.

Danke, Hermann,
für mein größtes Geschenk.

Danke an meine Geschwister,
Monika, Petra und Michael – wir teilen ein großes Stück
Lebensgeschichte.

Danke, liebe Freunde,
wie schön, dass wir uns gegenseitig einen festen Platz im
Leben einräumen und aufeinander zählen können:
Danke an Brigitte, Moni, Andrea, Walter, Nina, Renate,
Gerhard, Sonja, Christina, Silke, Gaby, Ingrid, Gabi und
Daniel. Und danke an alle Freunde, die ich hier nicht
namentlich aufgeführt haben sollte.

Danke an alle UDI's und meinen Chef,
ihr seid Spitzenkollegen, fast schon ein Stückchen Familie für mich.

Danke, Graciella,
du hast mir gezeigt, wie schön es ist, sich selbst vorbehaltlos anzunehmen.

**Danke an den Kösel-Verlag, an meine Lektorinnen
Ulrike Reverey und Imke Oldenburg sowie an meine
Illustratorin Renate Emme.**
Sie machten es mir möglich, endlich meinen »Buch-
traum« zu verwirklichen! Bei Ihnen, liebe Frau Reverey,
fühle ich mich mit meinem Anliegen und in meiner Le-
bensphilosophie bestens verstanden und unterstützt. So
macht Bücherschreiben Freude!

über die autorin

Barbara Forster, geb. 1961, war für die Touristik und viele Jahre für den Rundfunk tätig; arbeitet im PR- und Marketingbereich eines ökologisch orientierten Unternehmens. Sie ist außerdem freie Autorin für Kindergeschichten und Kolumnen sowie Dozentin für Lebenshilfethemen.

Falls Sie Rückmeldungen bzw. Fragen zu den *Rezepten für Keiner-liebt-mich-Tage* haben oder sich für einen Vortrag bzw. für ein Seminar interessieren, nehmen Sie bitte Kontakt zur Autorin auf. E-Mail: **info@barbara-forster.de**
Weitere Informationen erhalten Sie über ihre Website: **www.barbara-forster.de**